岭南建筑

读建筑经典
品岭南文化

南越宫苑

岭南建筑经典丛书
岭南园林系列

南越王宫博物馆组织编写

主　编　吴凌云
副主编　陈伟汉
撰　稿　李灶新　章　昀

华南理工大学出版社
SOUTH CHINA UNIVERSITY OF TECHNOLOGY PRESS
·广州·

图书在版编目（CIP）数据

南越宫苑/吴凌云主编. —广州：华南理工大学出版社，2011.8
（岭南建筑经典丛书·岭南园林系列）
ISBN 978-7-5623-3427-9

Ⅰ.①南…　Ⅱ.①吴…　Ⅲ.①南越（古族名）—宫殿遗址—介绍—广州市　Ⅳ.①K878.3

中国版本图书馆CIP数据核字（2011）第054377号

总　发　行：华南理工大学出版社（广州五山华南理工大学17号楼，邮编510640）
　　　　　　营销部电话：020-87113487　87110964　87111048（传真）
　　　　　　E-mail：scutc13@scut.edu.cn　http://www.scutpress.com.cn
策划编辑：乔　丽　毛润政
责任编辑：毛润政　陈　超
技术编辑：杨小丽
印　刷　者：广州市岭美彩印有限公司
开　　　本：787mm×1092mm　1/16　印张：6.75　字数：88千
版　　　次：2011年8月第1版　2011年8月第1次印刷
定　　　价：30.00元

版权所有　盗版必究

岭南建筑经典丛书
编委会

主　　任：林　雄

副主任：顾作义

总主编：何镜堂

编　　委（以姓氏笔画为序）：

白　洁　刘启宇　刘管平　杨宏烈

吴庆洲　陆　琦　陆元鼎　范家巧

孟建民　倪　阳　倪　谦　郭卫宏

郭明卓　韩　伟　程建军　谭元亨

岭南园林系列
编 委 会

主　　任：刘管平

副 主 任：王绍增　陆　琦

编　　委（以姓氏笔画为序）：

王红星　邓颖芝　叶蔚标　吴凌云

陈伟汉　李建洪　罗汉强　林臣勇

梁莲英　梁景裕　舒　翔　韩　健

总 序

岭南文化是中华民族文化中最具特色和活力的地域文化之一。岭南建筑是浸润着岭南文化且具有鲜明特色的建筑流派，是华夏建筑的一颗璀璨的明珠。

岭南位于我国五岭之南，地处南海之滨。这里气候炎热多雨，四季常青。它是海上丝绸之路的发祥地，又是与海外文化交流的前沿地。岭南独特的地理、气候和自然环境，以及多元文化交融的社会人文特征，使岭南地区形成务实、交融和创新的文化特征。岭南建筑也逐渐形成了与自然融合、与环境适应、与不同文化交融、务实与创新的建筑理念和轻巧、通透、明快、多元的建筑风格。

为了弘扬岭南文化，珍存和记录岭南建筑的演绎，我们精心编纂了这一《岭南建筑经典丛书》，以展示岭南建筑厚重的历史、丰富的内涵以及深远的文化源流，并通过图文并茂的方式，展现其精湛、灵动的艺术风格，做到雅俗共赏，以拥有更广泛的读者。相信读者阅后，不仅仅可深刻体会到，建筑是耸立在大地之上的具象的历史，更能直接体验遍及南方令人目不暇接的风格各异的各类建筑，从而倍加热爱我们民族的文化，激起更强的民族自豪感。

本套丛书包括如下系列：岭南园林系列，岭南古村落系列，岭南祠堂、书院、学宫系列，岭南民居系列，岭南精品建筑系列等。丛书内容丰富全面，涵盖了岭南建筑各个方面，全方位反映从古代到当代、从传统民居到现代建筑、从功能建筑到文化教育建筑等岭南建筑的成果。丛书的出版将对岭南建筑艺术经典进行一次梳理和记录，有极大的文化积累价值；对我省的文化建设以及普及岭南建筑知识起到应有的促进作用。

中国工程院院士，华南理工大学建筑学院、建筑设计研究院院长
2011年8月

序

打开中国地图，目光顺着北回归线横扫过去，北起南岭山脉，南到南海岸边的带形区域大体上就是中国的南亚热带，该区域最大的城市——广州，就是位于珠江三角洲的岭南文化中心。

我们在空间上以北回归线为纬，时间上以中国历史为经，会发现其交点就是岭南园林。如果把公元前四五世纪的希腊德尔菲遗址如实地只当做建筑遗产，那么公元前2世纪的广州南越宫苑遗迹就是世界上现存可见的最早的园林实体原物。（就算把河南偃师商城遗址的水池水渠视为园林，但它已在所谓"复原"工程中被彻底毁掉了，失去了真实遗迹的意义。）由此可见，岭南这块沃土积淀了多么丰富的自然和文化内涵。更为有幸的是，只有广州真实地保存了中国古代园林史上三个高峰的原物原迹。

中国文化并非一成不变。两汉以前，和其他民族早期一样，中国人也是以富饶和长寿为美的。《庄子·秋水篇》记载庄子曾对楚王的使者说："吾闻楚有神龟，死已三千岁矣。"可见，将龟与寿联系在一起很早便成为中华民族的一种思维定式。产生于秦汉之际的南越宫苑正是那个时代我们民族这种审美精神的反映：大量的龟鳖和"万岁"瓦当，既是秦皇汉武追求长生不死故事的余波，也是南越国开国皇帝赵佗生活和思维方式的佐证（赵佗确实长寿，活到99岁）。石渠里的渠陂和斜口，是大批饲养龟鳖的需要；弯月形水池里的八棱石柱和分隔石板，无论从尺度、高度和方位来分析，都更有利于推想它上面建筑了一个钓龟台；园地里出土的荔枝、梅、桃、杨梅、橄榄、南酸枣等的种子说明，这里和长安的上林苑一样，丰饶的物产是园林栽植的必然追求。

现代全球化的文化大潮，迫使文化的多样化和地域性原理以更顽强的态度伸张和表现自己。中原文化起源于北温带到北亚热带，当它跟随着秦军南下到北回归线附近的南亚热带甚至热带，一方面把中原文化带到了岭南，另一方面使自己带上了浓烈的地域化色彩。这个经验，可以作为观察当下文化全球化大潮的借鉴。中国优越的自然环境让我们的祖先和自然的关系更偏重于亲和，所以中国人自古就不像埃及、波斯、希腊、罗马人那样顽强地企图征服自然，追逐直线、对称和几何图形，而是更倾向于在自然怀抱中随遇而安，南越宫苑的曲渠、汀步、石板桥和冰纹铺地，就是极好的证明。

魏晋南北朝之后，中国精神终于彻底和西方分道扬镳了，中国园林走上了山水化的道路。唐宋园林是中国园林的第二个高峰，特别是唐宋以白居易、李德裕、牛僧孺、米芾和宋徽宗等为代表的赏石文化成为中国园林独一无二的特征。如今要想大致领略这些才高八斗的文人在赏石文化中所达到的高度，只有到唐宋之交的南汉国宫苑"药洲"遗迹（今广州南方戏院旁）来了，这里还保留着当时的水面和"九曜石"，以及米芾等人的题记。将这里水石的"精、气、神"和金代工匠在北京北海的堆石相比较，可谓高下立见。

在中国园林第三个高峰的明清时期，广州在中国居于唯一"外贸特区"地位，从欧洲来华传教士和商人的记载来看，以中国在世界上所占的经济比重，广州的城市比16世纪的里斯本、17世纪的马德里和阿姆斯特丹、18世纪的伦敦和巴黎都要庞大而富裕，从兹而至今，"既位于东西交会十字路口，又拥有大量本地风情"成为岭南园林长久的生机和主题，或许还会永续下去。本丛书介绍的"岭南四大名园"（东莞可园、佛山梁园、顺德清晖园和番禺余荫山房）都是这个时期后期的作品，却也成为中国园林三大流派中可与"皇家园林"、"江南园林"并列的"岭南园林"之代表作。其各自的沿革、特色、成就等，已有本丛书诸贤著述的介绍，无须在此啰嗦。概而言之，我最欣赏的是岭南"四大名园"所体现的中西文化交流内涵和"实事求是"的精神。世界上一些真正的思想大家都注意到，东西方的文化交流和融汇是人类发展的方向，对此，岭南园林已经作出很大的贡献并将继续做出自己的贡献。其次，岭南园林通过注重成荫纳凉、通透顺畅、坚固耐久、繁花似锦、精工细作、管理容易、直言心欲、生活舒适，很少为虚名所累等特色，顽强地表现着一种"求实"精神，而"实事求是"我认为正是中国传统文化中最为可贵的精华。

需要说明的是，由于南越宫苑遗迹和"四大名园"面积都很小，许多人会以为岭南古代园林都是小园，这是误解。至少从史料可知，南汉皇帝刘䶮酷爱造园，其宫苑面积大约和明清广州城垣范围相仿。晚清买办商人潘仕成的私园"海山仙馆"，面积也大到400亩左右，可惜毁于清末民初，如今仅余荔枝湾的部分水面。

在此我想特别强调一下明朝广州的城市园林绿化建设。一般来讲，中国古籍对此不太重视，但外国人的观察点不一样。16世纪（明朝中叶）时，葡萄牙旅行家费尔南在其回忆录中写广州"大部分房屋门前栽有树木，遮阴乘凉"。耶稣会士巴莱多神父则说："在那些没有牌坊的街上，宅邸前都有一棵茁壮苍绿的大树，排列十分整齐，使整个街道好像一个花园。"另一个叫巴罗斯的人也写道："每家每户门口栽树一棵，其叶终年常绿，遮阴乘凉。树木成行，棵棵相望。"（皆引自吴青：《16—18世纪广州影像研究——欧洲人视野下的广州城》）。广州城市的这个特色是如何失去的呢？值得今人深思。

鸦片战争前后，广州十三行地区出现的美国花园应该是中国土地上最先出现的资本主义近代公园。步入民国，岭南园林仍有所创新，那就是含有大量中西文化并存乃至中西文化融合的华侨园林，广东开平的立园可为代表。

新中国成立后，我国先是经历了被封闭锁国艰苦卓绝的前三十年，当时从广东省到广州市的地方领导人重视城市园林绿化。在很穷的条件下，发动群众开辟和建设了麓湖、流花湖、荔湾湖、东湖、越秀山、白云山等大量公园和风景区，更重要的是当时有一大批建筑师、造园家、书画家、园艺师乃至高级工匠，包括关山月、黎雄才、容庚、商承祚、秦萼生、莫俊英、莫伯治、郑祖良、何光廉、丁建达、吴泽椿等，团结在当时的副市长林西周围，创造出简洁轻盈、通透素雅的建筑景观和绿浓红肥、生机勃然的植物景观，并使两者交相辉映。特别是以室内室外各种空间的"交错"、"渗透"和"流动"为鲜明特色的"新岭南"园林风格，于20世纪七八十年代在全国掀起了一股相当强劲的"岭南园林"风。到了改革开放的后三十年，广东又是先锋，园林也不例外：深圳的绿地系统、抽象园林、市民广场、城市生态保护线，东莞的东山湖，珠海的滨海大道，广州的勐园、草暖公园、云台花园、珠江公园等都曾一度"各领风骚"，引发全国参观热潮。从广州出口的慕尼黑芳华园、悉尼的谊园，参加世界大赛获得大金奖（昆明）的粤晖园等，都开创了改革开放的先例。房地产园林也是从广东兴起的，第一批国外设计公司进入境内也首先发生在广东。在激烈的市场竞争中，广东拼杀出一批优秀的园林企业，包括进入行业全国十佳的企业和第一批上市公司，特别是以"新颖博彩，自然和谐"为特色的普邦公司和以"炼诗融画，浓淡皆宜"为目标的棕榈公司，已经在全国树立起自己作品的品牌和形象。

最后我想指出的是，有一件事还未引起大家的足够注意：当我们打开国门后，见识到我们的"新岭南园林"和新中国成立前三十年在国外流行的"后现代"、"白色派"、"极简派"、"生态派"、"系统景观"等竟然差不多同步出现，而我们的旧厂房利用、塑石、塑木、塑竹等想法和做法甚至比他们还早，不禁大吃一惊。可惜由于我们当时的体制，造成我们既没有个人代表也没有主义，致使如今的青年教师、学生一提起现代流派和大师，只知道那些从西方来的舶来品。这一段历史经验，实在值得我们好好地总结，总结好了不仅可以鼓舞岭南地区园林人的志气，也可增强全国园林界的信心。通过我们的努力，可以并应该让中国园林尽快恢复到世界的前列位置，继而引领全球的风景园林文化。

《中国园林》杂志社主编、教授

王绍增

2011年4月于广州暨南花园

前　言

中国园林是由山水、建筑和花木等组合成的综合艺术实体，做到了"虽由人作，宛自天开"，在世界园林艺术中独树一帜。中国造园历史悠久，早在商周时期已有造园活动，但与今天我们所说的园林还相去甚远。秦汉时期，在园囿的基础上，发展形成一种带有宫室的园林形式——宫苑，成为当时园林艺术的主要形式，对后世园林的发展影响深远。沧海桑田，秦汉的宫苑都已堙没在岁月的尘土之中，有关它的形貌我们只能在前人的只言片语中领会。1995年、1997年，在配合城市建设中，在广州老城区中心先后发现了西汉南越国宫苑的一座大型石构水池和一条长约160米的曲流石渠遗迹，这两个发现先后两次被评为全国十大考古新发现。石构水池和曲流石渠是南越国宫苑的重要园林水景遗迹，年代久远，但保存完好，是迄今为止我国发现年代最早的宫苑实例。南越宫苑对研究秦汉时期的历史文化，研究中国古代城市（特别是古代广州）、古代建筑史和古代工艺史，特别是中国古代园林史具有重要价值，是广州历史文化名城的精华所在。

编者

2011年6月

目录

第一章　南越宫苑遗址 001
一、南越国宫署遗址的发掘 001
二、宫殿遗迹 006
三、宫苑遗址 012
四、遗址年代 021

第二章　南越宫苑的造园手法 024
一、选址 024
二、理水 026
三、建筑经营 029
四、园林生态 030
五、园林意境 033

第三章　南越宫苑体现的园林艺术风格 034
一、宫与苑紧密结合的整体布局 034
二、以水为主导的园林景观体系 034
三、以石材为主的建筑特色 035
四、以小见大的城市山水园 035

第四章　岭南园林之祖 037
一、南越宫苑遗址是秦汉宫苑的唯一实例 037
二、南越宫苑是岭南园林的源头 038

第五章　图版 041

第一章 南越宫苑遗址

一、南越国宫署遗址的发掘

自20世纪70年代以来,在广州市中山四路和中山五路之间相继发现了南越国宫署遗址,南越宫苑是其中的精华部分。

1975年,在中山四路西段进行考古试掘,发现规模宏大的秦代造船遗址,在遗址之上还叠压着一段南越国宫署的砖石走道。

图1 1975年发掘的秦代造船遗址1、2号造船台

1988年，在北京路北段的新大新公司建筑工地，发现一座用南越国印花砖铺砌的斗状水池遗迹。

1995年，在忠佑大街城隍庙西侧一建筑工地清理出一座大型石构水池。

1996年，在石构水池之西清理出一口南越王宫的食水砖井，砌筑精巧。

1997年，在石构水池的南面又清理出一条长约160米的曲流石渠遗迹，石渠北端正对石构水池南壁石板下的导水木暗槽，两者虽被一座宿舍楼所隔断，但遗迹表明两者原是连通的，是南越宫苑的重要园林水景遗迹。

2000年以来，在石构水池西侧的原儿童公园内进行大规模考古发掘，先后发掘出南越国的一号宫殿、二号宫殿、一号廊道、砖石走道、宫城北宫墙等重要遗迹。出土了大量砖、瓦、木、石等建筑材料和构件，极具地方特色。

2005年在曲流石渠西北不远处发现一口南越国时期的渗水井，井内出土100多枚木简，其中一枚墨书"守苑行之不谨，鹿死腐"的木简，正可与宫苑遗址相互印证，确证南越国宫苑的真实性。

图2　1988年在新大新公司建筑工地发现的南越国砖砌水池一角

此外，在遗址上下还发掘有秦、汉、西晋、东晋、南朝、隋、唐、五代南汉国、宋、元、明、清和民国时期的文化遗存。表明这里不但是西汉南越国和五代南汉国的都城和王宫的所在地，还是统一岭南以来历代郡、县、州、府的官衙所在地，是广州作为岭南地区政治、经济、文化中心的历史见证。

图3　南越国官署遗址考古地层关键柱

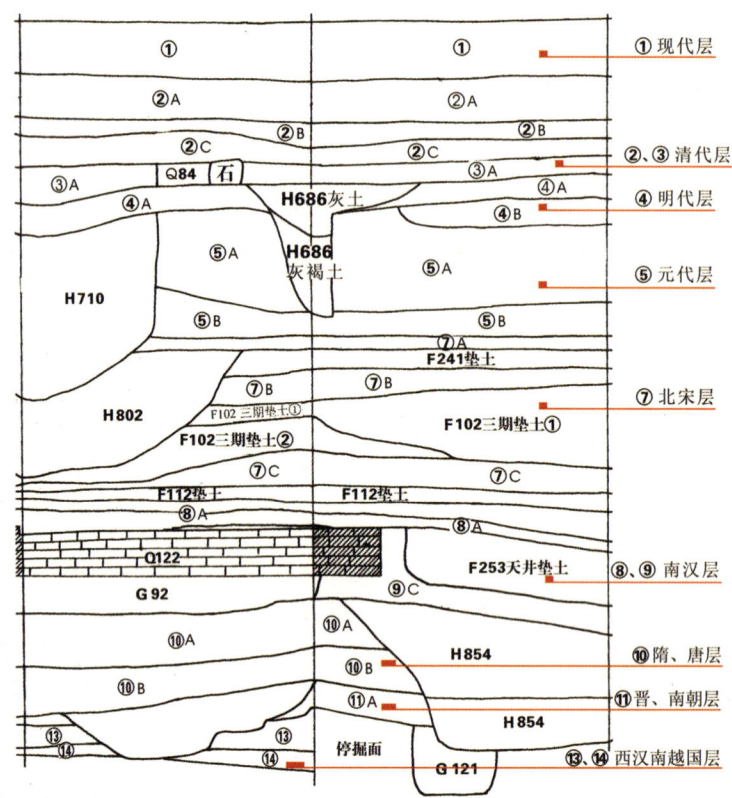

图4 南越国宫署遗址地层堆积剖面

表1 南越国宫署遗址历史沿革一览表

时　代	文献记载
民国（1945—1949年）	汉民公园
民国（1937—1945年）	侵华日军广州神社
清~民国（1861—1928年）	法国领事馆
清（1644—1861年）	广东布政司署、容丰仓、禺山书院
明（1368—1644年）	广东行中书省、广东丞宣布政使司署
元（1271—1368年）	广东道宣慰使司都元帅府、江西行中书省
宋（960—1279年）	经略安抚使司、清海军大都督府
五代南汉国（917—971年）	南汉王宫
唐（618—907年）	岭南道署、岭东道节度使府、清海军节度使司
隋（581—618年）	广州刺史署
南朝（420—265年）	广州都督府
西晋、东晋（265—420年）	广州州治
东汉（25—220年）	广州州治
南越国（前203—前111年）	南越王宫
秦（前221—前207年）	南海郡治

图 5　清代广东布政司署遗址

图 6　南汉排水渠

图 7　南朝水井

二、宫殿遗迹

南越国宫殿区位于都城中北部，目前仅发掘了其东边部分，已清理发掘出一号宫殿、二号宫殿、一号廊道和砖石走道等遗迹。

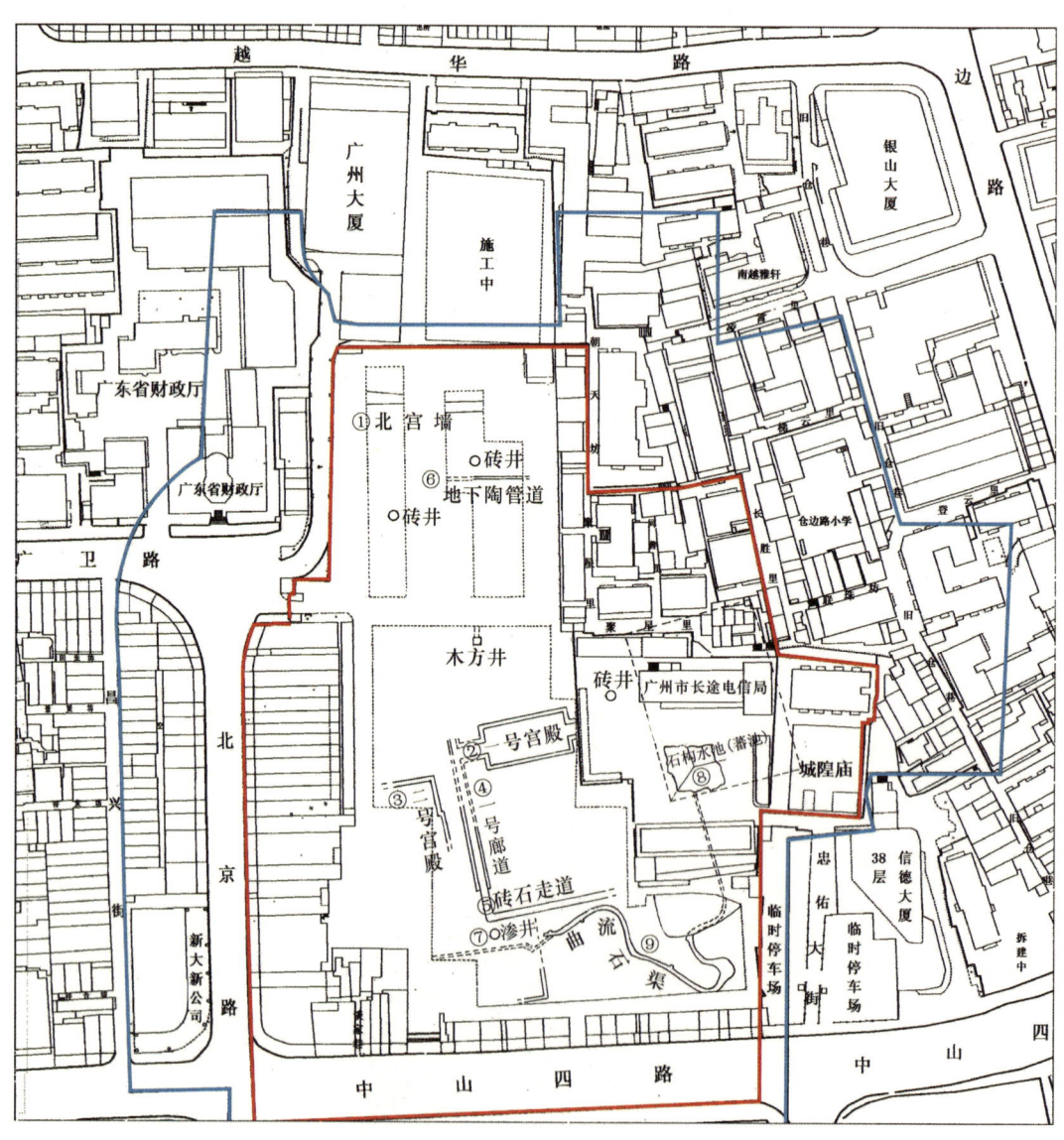

—— 南越国宫署遗址核心保护范围
—— 南越国宫署遗址建设控制地带

图8　南越国宫署遗址重要遗迹分布图

1. 一号宫殿

一号宫殿位于石构水池西侧，为大型台基式建筑，坐北朝南，呈长方形，东西长30.2米，南北宽14.4米，面积约435平方米。台基夯筑，残高0.46米，东部保存有东西2列、南北2排共4块柱础石。础石属于半暗础，为自然砾石，大致呈长方形，平整面向上，呈对称分布，东西间距约3.3米，南北间距约5.8米。根据南北两排础石距台基南、北边线距离同为4.3米，推测台基南、北两侧原来也有础石，构成南北进深三间的建筑。殿内局部还保存有用草拌泥抹后经火烧烤的活动地面，以防潮气。台基四周用砖侧立包砌，台基外面是散水，宽1.5米，内侧用印花方砖或长方砖铺砌，外侧铺碎石和卵石，最外侧用带榫的长条砖侧立包边。散水铺砖为方砖或长方砖，其中方砖边长约70厘米，长方砖长70厘米，宽约45厘米，表面模印有精美的几何形花纹图案。宫殿东西两端有对称的通道，宽4.5米，其中东侧通道向东通向宫苑石水池，西侧通道与一号廊道连接。

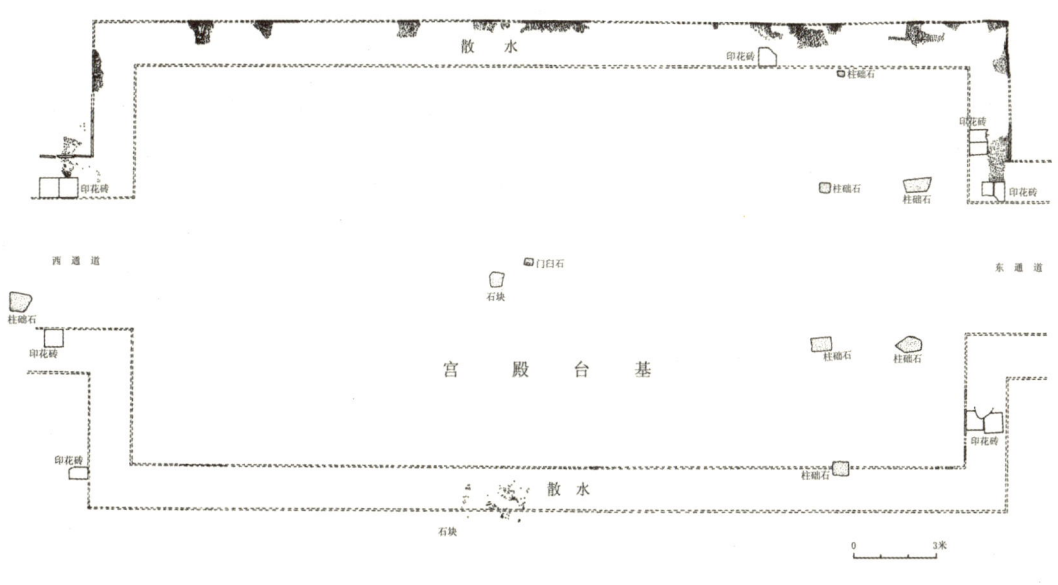

图9　南越国一号宫殿基址平面图

2. 二号宫殿

二号宫殿位于一号宫殿西南侧，目前仅发掘其东北一角，台基用长条砖侧立包边，外筑散水。散水的结构和形式与一号宫殿相似。发掘时，在宫殿的瓦砾堆积中发现1件戳印"华音宫"铭款的陶提筒盖，为确定该宫殿的名字提供了依据。

图10 "华音宫"陶提筒盖出土现场

3. 一号廊道

位于一号宫殿与二号宫殿之间，南北走向，已发掘部分长 44.05 米，宽 5.94 米。廊内中部保存有南北 6 排、东西 4 列共 12 个柱础石。础石为半暗础，是自然砾石，平整面向上，高出地面 1~2 厘米。础石面上还保存有木柱烧毁后留下的印痕。廊内也保存有用火烧烤过的活动地面，平整而坚硬。廊道台基两

图11 一号廊道西侧散水印花方砖

侧用砖侧立包边，外侧为散水，东西两侧散水结构有别。其中西侧散水呈北高南低，用印花方砖铺砌，砖的边长约70厘米，厚约12厘米。散水南端向西成直角转折延伸，转角处设一石质地漏，中部凿长方形下水口，下面铺设有木暗槽。东侧散水南北各不相同，其中北段用印花长方砖和卵石铺设。南段散水两侧用印花长方砖铺砌，中间是用弧形凹槽砖拼接而成的排水明渠。散水南端转折向东，转折处设一石质地漏，中间凿方形下水口，其下装一石箅，下面连接排水木暗槽。

4. 砖石走道

砖石走道南北走向，北与一号廊道连接，南端折向东，与1975年发现的南越国砖石走道相连接。走道宽3.6米，北高南低，中间铺砂岩石板，两侧铺印花砖，最外侧用砖侧立包边。走道中间石板凿有渗水地漏，下设排水木暗槽。

5. 渗水井与南越木简

在宫苑曲流石渠西北不远处有一渗水井，井壁上部用弧扇形砖砌筑，下部用圆形陶圈叠砌，深3.08米。井壁东、西两侧各有一进水口与木质水槽相连接，北侧接一排水陶管道。最

图12　砖石走道下的排水木暗槽

为重要的是，在井内出土一百多枚南越木简，木简的内容涉及军事、法律文书、纪年、地名、职官、宫室管理等方面，是研究南越国历史的第一手珍贵文字资料。

此外，井内还出土了大量动植物的遗存，其中植物种类有甜瓜、冬瓜、荔枝、杨梅、柿、罗浮柿、枣、南酸枣、乌榄、杜英、君迁子、楝、山鸡椒、紫苏、悬钩子属、榕属、眼子菜属、葡萄属、杜英属、苹果属、葫芦科、石竹科、樟科、蓼科等。动物种类有鱼、龟、蚌、鸟、雉和种属不明的啮齿动物、鼬科动物、哺乳动物等。

6. 水井

目前已发掘有4口南越国的水井，其中有3口为砖井，1口为木方井。砖井的井圈均用弧扇形错缝叠砌，其中以位于一号宫殿东侧的砖井最为精巧别致，该井井口内径0.85米，残深9米。井底铺砌五块砂岩石板，当中一块呈方形，其余四块呈半圆形。每块石

板各凿一孔，地下水从这五个孔渗涌上来。石板底下还铺垫一层细砂，起过滤井水的作用。井圈与井坑壁之间用纯净的山冈土夯实，以阻隔地表污水渗入井内，确保井水清洁。来自地下的泉水，经过细密的过滤，水质纯净、清爽甘甜。

图 13　出土南越木筒的渗水井

图 14　南越国食水砖井

7. 建筑材料

南越国宫殿遗址出土的建筑材料十分丰富，其中尤以砖、瓦、瓦当等陶质建材最具特色。

（1）砖

根据砖的形状不同，可分为方砖、长方砖、三角砖、带榫砖、转角砖、扇形砖、凹槽砖和空心砖等。大部分砖体型宽大、厚重，其中最大的方砖边长95厘米，厚达15厘米，为了砖烧透，大都在砖的底面和侧面用小棍棒戳出圆形或圆锥形孔，以利于热力的渗透，不至于因胎内残留水分膨胀而变形或爆裂。砖的表面大都模印有菱形、四叶、方格和叶脉等精美的几何形图案，部分砖还施有青釉，但大多釉已脱落。经检测，釉的钠钙含量较高，属于我国罕见的碱釉。

（2）瓦

瓦有板瓦和筒瓦之分，由泥条盘筑法制成，部分瓦还粘结有三棱形或圆锥形瓦

图 15　特大方砖（边长95厘米，厚15厘米）

钉，部分瓦也施有青釉。瓦的表面饰绳纹，板瓦较窄一端和筒瓦近瓦舌一端均饰旋纹，里面拍印突点纹。部分板瓦的里面和部分筒瓦的表面或里面有戳印（或拍印）"左官卒犁"、"右官"、"官伎"、"居室"、"奴利"、"官富"、"公"等陶文。

(1) "左官卒犁"瓦

(2) "右官"瓦

(3) "官伎"瓦

(4) "居室"瓦

(5) "奴利"瓦

(6) "官富"瓦

图16　瓦上的各式戳印（或拍印）文字

(3) 瓦当

瓦当有四叶纹、云箭纹和"万岁"文字瓦当三种,其中以"万岁"文字瓦当数量最多,文字结构变化多样。

图 17　各式文字结构的"万岁"文字瓦当

三、宫苑遗址

南越宫苑位于南越国宫城的东部,就目前已发掘和钻探的资料得知,其主要由一座大型的石构水池和一条长约 160 米的曲流石渠组成。

1. 石构水池

水池平面大致呈长方形,是一个池壁向内倾斜、池底平正的斗状水池。目前仅露水池西南一角约 400 平方米,后经钻探得知其面积约 4000 平方米,水池最深处达 2.5 米。

水池的西壁和南壁现各发掘出长约 20 米的一段，池壁向池底倾斜呈斜坡状，坡斜 12°~14°，池壁与池底交接处呈一直线，西壁和南壁交接处也砌成一直线。池壁全用打凿平整的砂岩石板呈密缝冰裂纹铺砌，砌法精工。池壁石板面上还刻凿有"蕃"、"皖"、"冶"、"阅"等字。池底平正，用碎石铺砌。在已发掘的水池东北角，有一向西南倾倒的大型叠石柱，其附近还散落有八棱石柱、石门楣和铁门枢轴等建筑构件，可知水池当中应有一组大型建筑组群，可惜未能发掘探明。

水池的顶部大多已被破坏，仅在南壁之上残存有用石板铺砌的地面。在水池池壁上也散落有大量的八棱石望柱、望柱座石、板瓦、筒瓦和"万岁"文字瓦当等建筑材料和构件，推测水池周沿原应建有临水建筑和石构栏杆护栏。

图 18　石构水池遗址考古发掘现场

图 19 石构水池平剖面图

图 20 石构水池出土的石望柱

2. 曲流石渠

曲流石渠位于石构水池的南面，渠体自东北而南后曲折向东，再逶迤向西，在西边尽头连接一出水木暗槽，残长约160米。渠体两边用砂岩石块和石板砌筑，壁面平直，渠内宽约1.4米。渠体顶部向外扩展0.2米后还筑有一道略向外倾斜的挡墙，是为防止雨水将泥沙带入渠内，保证渠水清澈而特设的。渠底用砂岩石板作密缝冰裂纹铺砌，其上铺有一层密密的灰黑色河卵石，当中还用黄白色的大砾石呈"之"字形疏落点布。

图21 曲流石渠遗迹

石渠蜿蜒曲折，高低起伏，渠底落差约 0.7 米，水自北而南再向西流，水流缓慢。石渠所经之处还设有不同的构造，是专为营造不同水体景观而特设的。

（1）急弯处

渠体自东北至此急转回旋，渠底陡然下降，其中北、东、南三面向中心倾斜呈斜坡状，西面平整，构造特殊。渠底石板面上积满大量灰黑色河卵石，当中点缀 3 块大砾石。石渠出急弯处后平缓向东连接一座弯月形水池。

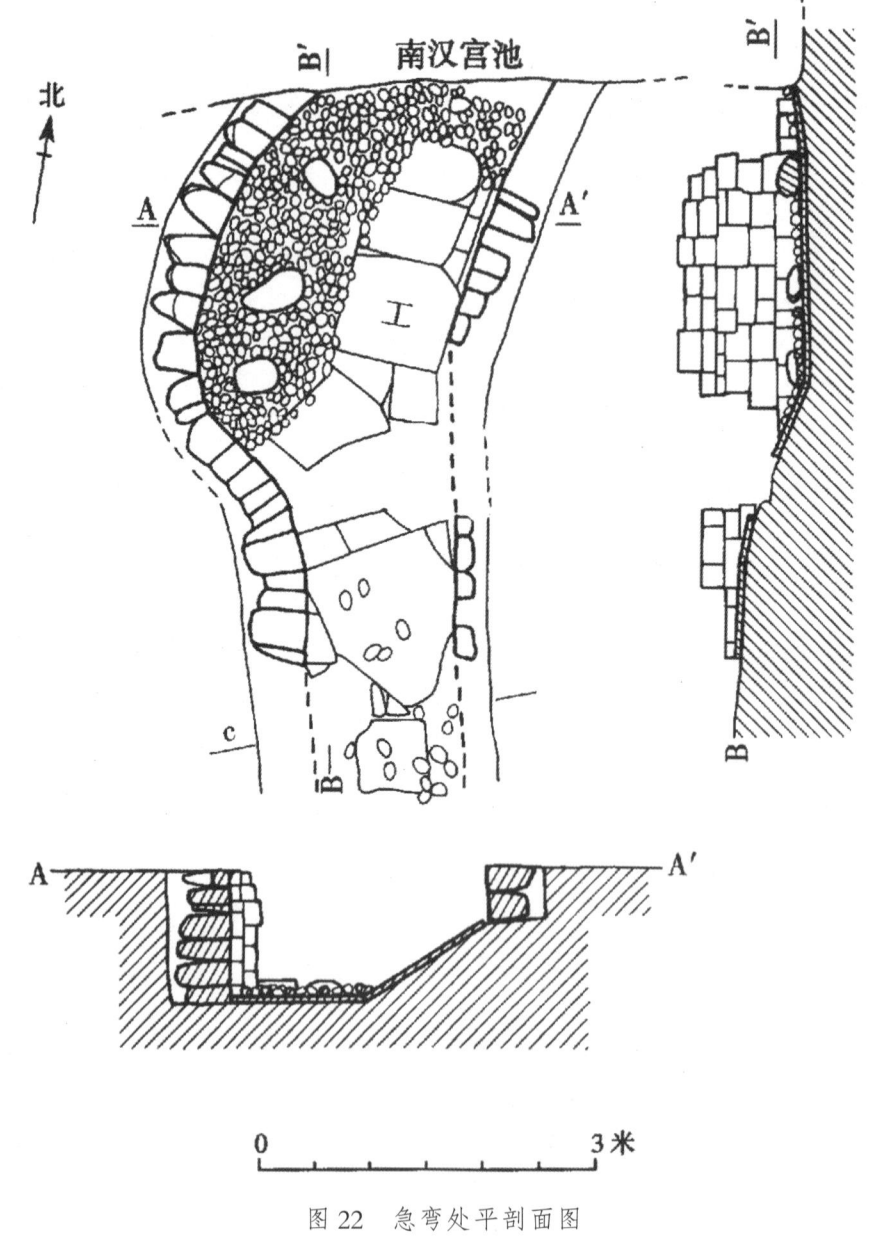

图 22　急弯处平剖面图

图 23　急弯处

(2) 弯月形水池

弯月形水池位于石渠的最东端，南北残长 7.2 米，东西宽 5.75 米，存深 1.75 米。

池内东部竖立两列大石板，将水池分隔成三间，石板的东端紧贴水池东壁，西端与水池西壁之间则留出水流通道。池内南、北两次间中部各平置一根八棱石柱，石柱顶部有一圆形凸榫，可知水池之上原筑亭台水榭类建筑，可惜已毁。

池底平整，比曲流石渠渠底面低约 1.5 米，石板面上也铺有灰黑色河卵石和点缀有黄白色大砾石。水池的西北进水口和西南出水口均呈斜坡状，河卵石分布特别密集。

水池东壁呈不规则向外弧弯，西壁向内呈圆弧状，水池西壁顶部地面残存有 3 块长方形石地梁，呈放射状向水池张开。石地梁侧立埋入地下，朝水池一端嵌入池壁石块中，与池壁面齐平，并凿有方孔，似作系绳之用。

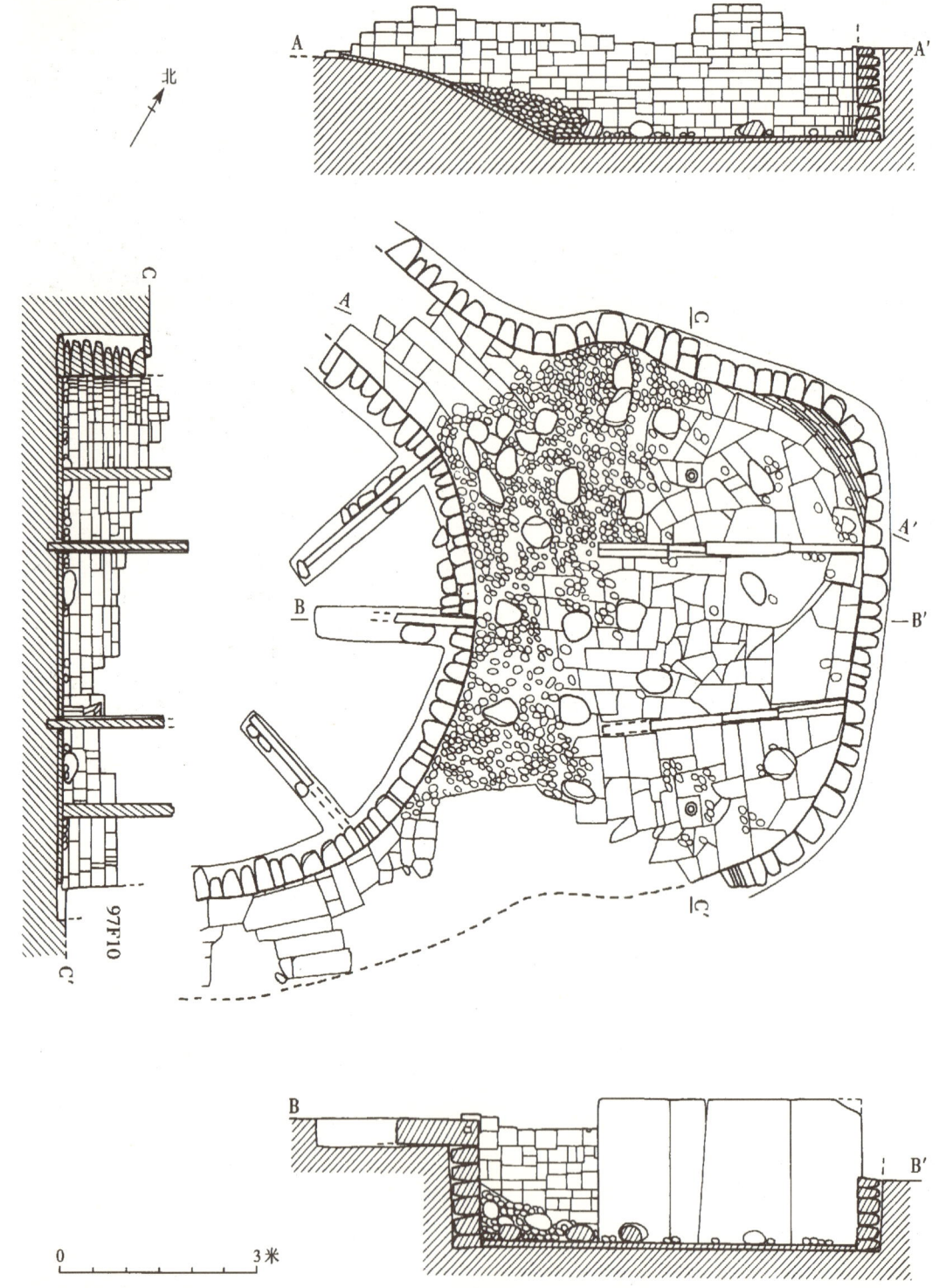

图 24 弯月形水池平面和剖面图

图 25　弯月形水池

图 26　弯月形水池的八棱石柱

(3) 石水槽

石渠出弯月形水池后缓缓上升，在北壁顶部有一石水槽伸入渠内。水槽分上、下两级，其中上面一级是在石板中间凿出弧形凹槽，下面一级水槽是在渠壁顶部打凿而成，以承接上面的流水。

图 27　石水槽

(4) 渠陂

石渠的中部共设置两个渠陂，是由 2 块弧扇形石块拼合而成，宽 1.1 米，高 0.21 米，呈圆拱状横卧于渠底石板之上，用以阻水和限水。

(5) 斜口

石渠设有 3 个斜口，在渠壁中斜置一块长方形大石板，由地面往下伸入渠内，也许是为方便渠内龟鳖爬上地面而特设的。

图 28　一号渠陂和一号斜口

（6）石板平桥和步石

在曲流石渠的西端尽头处，有一石板平桥横跨于石渠之上。平桥由两块大石板组成，长1.74米，宽2.36米。桥北地面铺设有步石，呈弯月形向东北延伸，步石间距约0.6米。

（7）出水闸口

曲流石渠尽头设一出水闸口，比渠底高出0.24米。闸口分内外两层，内层是用石条打凿成的"凹"字形的方框，两侧及底部均凿有凹槽，用来安装控制水量的木闸门。外层是一石箅，中间凿有三个长方形箅孔，既可阻隔树叶堵塞暗槽，也可防止龟鳖外逃。石箅外连接木暗槽，将渠水排出园外。

（8）回廊

在曲流石渠西端木暗槽之上，有一回廊呈曲尺形，自南部由西向东再曲折向北，回廊以西为庭院。回廊台基用砖包砌，外铺设散水，宽1.45米，用砖和碎石铺砌，外侧用木条拦边。发掘时，在回廊基址上有建筑倒塌后形成的瓦砾堆积，其中在散水面上散落有成排的涂朱"万岁"文字瓦当。

（9）动植物遗存

在曲流石渠内及遗址现场还出土有大量动植物遗存。动物种类有龟、鳖、鱼、河蚌、梅花鹿、狗、熊等，其中弯月形水池内的龟鳖残骸堆积厚达50多厘米，且大多是完整的个体。植物种类有荔枝、梅、桃、杨梅、橄榄、南酸枣、海南榄仁、山鸡椒、构树、假牵牛、省藤属、李属、樟科和葫芦科等。此外，还出土有阔叶属植物的树叶。

1995年发掘的石水池和1997年发掘的曲流石渠遗迹，两处遗迹出土的遗物亦相同，建筑材料有"万岁"文字瓦当，戳印"公"、"居室"、"左官卒犁"等字的绳纹板瓦、筒瓦及印花砖等，显示两处遗迹为同一时代的文化遗存。另外，两者在建筑用材和建造手法上一致，池壁和渠底都以砂岩石板作密缝冰裂纹铺砌。最重要的是在石水池南壁石板下埋有一条导水木暗槽向南正对曲流石渠的北端，两处遗迹之间现被一幢九层楼房所隔断，未能发掘，但有迹象表明，这条木暗槽是为导流石池之水入曲流石渠而专设的。石池和曲流石渠原来是相连接的一个整体，是南越国宫苑的重要园林水景遗迹。

四、遗址年代

宫苑和宫殿遗址出土的遗物一致，均出土"半两"铜钱和绳纹板瓦、筒瓦、云箭纹瓦当、"万岁"文字瓦当、印花砖等建筑材料，秦汉的时代特征明显。出土的部分陶器、瓦件上戳印有"华音宫"、"未央"、"中共厨"、"殿中"、"居室"等陶文，表明这些建筑的规格极高，当为宫室类建筑。

图29 "殿中"封泥

图30 "中共厨"铭款陶器盖

据文献资料记载，秦朝末年，中原地区大乱，原秦将赵佗为保境安民，据岭南建立南越国，以番禺（今广州）为都城。在《史记》、《汉书》中的南越传和西南夷列传中，都有"番禺城"的名字。建筑是城市的实体，表明这些遗址当位于西汉南越国都城番禺城内，是南越国王宫的重要文化遗存。尤其重要的是，在遗址还出土了一批木简，其中一枚木简墨书有"廿六年"纪年。"廿六年"为南越国赵佗的纪年，即公元前178年，为进一步确定遗址的时代提供了新的实据。

在遗址面上，普遍清理出一层红烧土和瓦砾堆积，部分地方还有大片的炭屑和烧木，表明这些建筑是被大火烧毁的。《史记·南越列传》和《汉书·南粤传》记载，南越国后期，丞相吕嘉叛变，汉武帝派兵攻破南越国后"纵火烧城"。遗址发掘情况与文献记载相吻合，证明遗址毁于汉武帝元鼎六年（公元前111年）。

图31　汉军烧城后留下的颓垣败瓦

第二章
南越宫苑的造园手法

南越宫苑是考古发现的秦汉帝王园林遗址，它的发现为我们认识秦汉帝王园林的真实面貌提供了一个难得的实例。南越宫苑是一个成熟的园林实例，以后造园手法中的选址、理水、建筑经营、园林生态和园林意境等原理早在两千多年前的南越宫苑已成功运用。

一、选址

凡造园立基，必先从选址相地上着意经营，才能做到"构园得体"。通俗来讲，即园林建造在什么地方最为合适。造园位置的地形地貌，势必会影响园林的整体风格。中国古典园林属于自然山水式园林，是大自然山水形象的艺术再现，因此，有山有水，风景秀丽的地方是造园的理想之地。

南越宫苑距今已有2000多年，当日这里的地形地势如何？经过考古工作者多年的努力，结合老城区建筑工地所看到的土层、基岩等地质情况，可对当时这里的地理环境有一个大概的了解。南越国都城——番禺是建造在一处比四周高起的台地之上，南面有烟波浩淼、水天一色的珠江，北面倚靠风景秀丽、花木繁茂的越秀山。此外，发源于白云山的甘溪向西南流至越秀山南麓后分两支从都城东西两面缓缓流过，为番禺城提供了充足的水源保证。

南越国定都于此，是出于对城市水源和都城安全两个方面综合考虑的。任何一个城市要发展，必须要有充足的水源保证，这就要求一个城市要靠近能提供水源的河流。番禺城的南面虽然有珠江，但由于珠江受海潮影响，江水咸苦不能饮用。而发源于番禺城东北的甘溪，不但水量充沛，而且水源清澈、甘甜，是番禺城水源供给的有力保证。番禺城南临珠江，北靠越秀山，这是守卫都城的天然屏障。同样，从番禺城东、西两旁流过的甘溪，只要将其河道稍作开凿和疏导,就可成为天然的城壕,战时可阻挡外敌的入侵,雨季时可疏导洪水,确保番禺城的安全。这种优越的自然地理环境,连东汉时被派往交州任刺史的步骘看到也禁不住发出"斯诚海岛膏腴之地,宜为都邑"的感叹。

具体到南越宫苑所在位置的地理环境,其南北有三个小山丘相峙。一是宫苑石水池西北不远处的广州大厦所在地,古代称之为高坡,原是一处高起的红砂岩山丘;二是曲流石渠西南面的广州百货大厦所在地,原也是裸露的红砂岩山丘,唐五代时称为禹山;还有位于宫苑东南面今广东省立中山文献馆也有一小山丘。南越宫苑所在地的地势高低错落,空间层次丰富,且又临近水源丰富的甘溪,这种自然天成的地形地貌,是南越国选址造园的理想之地。

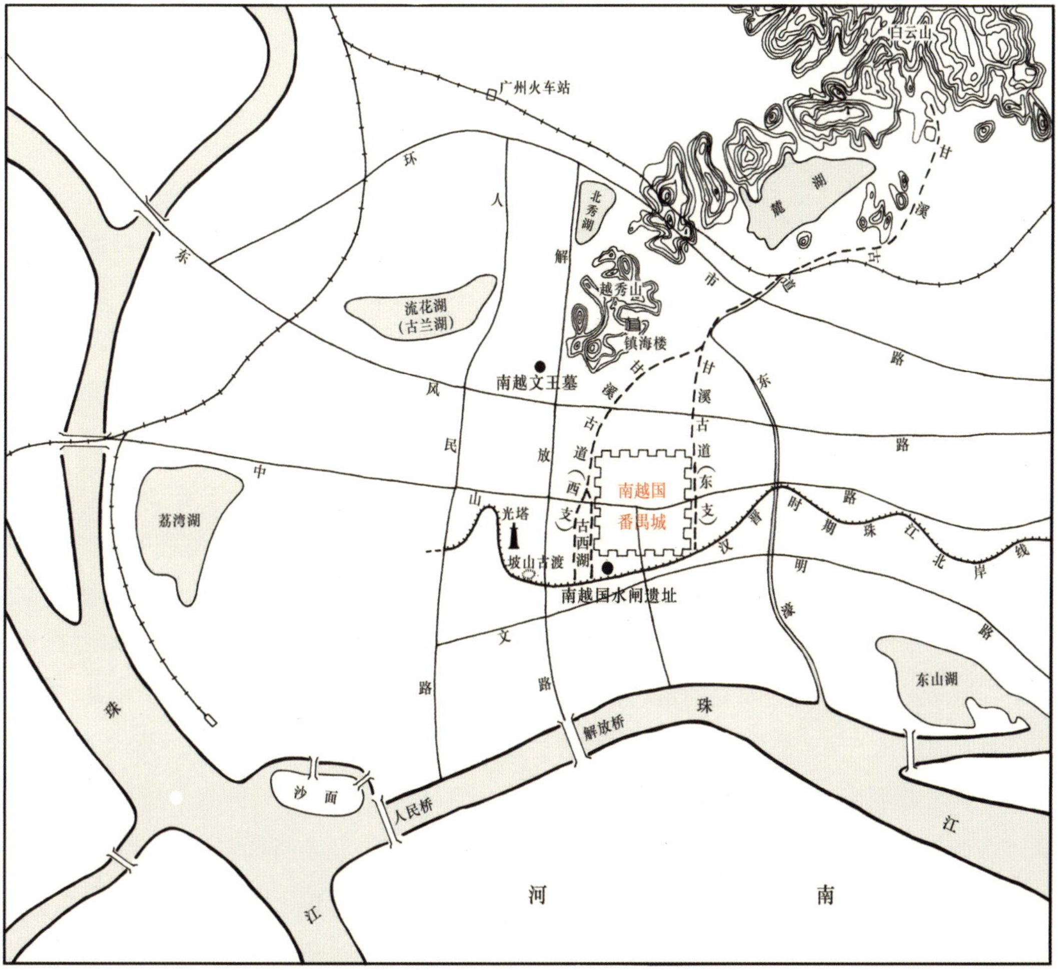

图32 南越国都城番禺地形图

二、理水

我国古典园林被誉为山水园，"有山皆是园，无水不成景"，可见水在园林中占有何等重要的地位！

水，不仅有调节环境气候的生态意义，而且给人以明净、清澈、近人、开怀的印象，所以孔子有"智者乐水，仁者乐山"的自然山水美学观。水域聚而辽阔者，则视线开阔，神志清爽；一汪清泉，雅韵玉音，清濑幽澄；飞瀑自上而下，疑是银河落九天。这些水体的变化之状，扣人心弦，令人产生不同的意境。南越宫苑正是以水景为主要内容的园林，其理水技巧已相当成熟，创造出池、河、溪、潭、泉等变幻多姿的水体景观。

南越宫苑石构水池是模拟大自然湖泊池沼的水体形态。水面宽广是池沼所呈现的基本特征，受地形环境限制，石构水池的水体面积只有数千平方米，较之秦始皇的兰池、汉未央宫的沧池、建章宫的太液池动辄几十里，甚至二三百里的水体要小得多。为使水面达到"一勺则江湖万里"的效果，后世私家园林多在水池当中采取堆山筑岛、布置建筑物的手法突破水面限制，以达到宽广无垠的效果。从南越宫苑石构水池当中清理出向西南倾倒的大型叠石柱和散落池底的八棱石柱、石门楣和"万岁"瓦当等，可推知水池当中原是有构筑物的，这是受战国秦汉蓬莱神话影响而模拟海上神岛的结果。从水池的池壁出土大量石望柱、望柱座石、瓦以及瓦当等，可见水池周岸原来也是筑有廊榭轩阁等建筑。池中堆山筑岛，沿池建亭台水榭，不但丰富了园林的景观和层次，还营造出水面浩瀚、曲折深远的意境。

"静"是池沼所呈现的另一基本特征，南越宫苑石构水池的水面平静如镜，碧澄明澈，可映衬出蓝天白云和附近的建筑以及远处的山林等，给人以无限的遐想，令人陶醉。但水池的水并不是死寂，而是静中寓动，一方面因引入园外河流的活水而使水流不断，另一方面池内因养殖有龟鳖、游鱼等水生动物而充满生机。

石构水池南壁石板下埋有的木暗槽可将池水引入南边的曲流石渠，在曲渠一端可见一汪清泉暗涌而出，仿若鼎沸。这是因应地势的高下，利用暗渠的形式创造人工涌泉的实例。

石渠从北而南，至急弯处陡然下降，水流有如脱缰的野马，奔腾直下。弧弯形的渠壁又得水流因势回转，产生漩涡。这正是大自然江河之水的基本特征。

渠水流出急弯处后向东注入弯月形水池，在此汇聚成渊潭。但见水潭石壁峭立，潭水幽深清洌。潭底石块和卵石若隐若现，潭中鱼儿龟鳖时而不动，忽而远游，悠然自得，令人流连忘返。

南越国宫苑曲流石渠呈"之"字形走向，如蛇行般蜿蜒弯曲，在苍松翠竹之间迂回映带，若隐若现，形成一种清旷深远的意境。当水流涌过渠陂，冲刷卵石，与渠底密铺的灰黑色卵石相映衬时，不但会泛起粼粼碧波，还会产生潺潺水声，仿若置身于山谷溪涧，给人一种幽静、轻松、愉快的感觉。中国古典园林的溪涧，属于浅形水景，水面狭长而曲折，水流因势曲折回转，产生动感，"水不在深，妙于曲折"是营造园林曲水的精妙所在，南越宫苑曲流石渠正是以园林之人工水景再现自然水体纡委萦回之态的成功之作。

水贵在清莹澄澈，若混浊发黄，势必影响水景的欣赏效果。南越宫苑曲流石渠顶部加砌的挡土墙呈内高外低的倾斜状，正是为防止雨季时雨水将地面泥沙带入渠内污染渠水而特设的，设计相当精巧考究！

曲流石渠当中设两道如水坝状的渠陂，用以拦水和蓄水，石渠尽头处的出水闸口底部也设置成高出渠底，以保证石渠处于一定水位而不干不竭。

南越宫苑石水池的水通过木暗槽导引入曲流石渠，渠水再经木暗槽排出园外，引水和排水都用暗槽，使得渠水来去无踪，引起游人探索水源来去的兴趣。

"山贵有脉，水贵有源，脉源相通，全园生动"是中国园林山水交融的生动写照，也是自然山水式园林叠山理水的基本要点。朱熹"问渠哪得清如许，为有源头活水来"的诗句也道出了营造园林水景的关键。为做到水体流动、清澈，园林中的水体多从园外引入，再从园内导出，使得水流不断。这种做法在秦汉时已比较普遍，如秦始皇开凿的兰池，就是引渭水而成的。汉长安城未央宫的沧池，建章宫内唐中池、太液池的水都是引自长安城外的沇水。可见我国古典园林的水源大都与流经附近的河流相连通，目的就是将自然的河水引入园内，以确保有充足、清澈的水源进行人工水体的构筑和经营。

南越国宫苑重要的园林水景石构水池，水面宽阔，蓄水量大，要是仅靠自然雨水的补给，不但旱季时容易干涸，而且会因无活水补充而变成一潭死水，影响水体的景观效果。为使池水、渠水不枯不竭，水体流通清澈，南越宫苑的水源引自城外东北面的甘溪。

甘溪又名蒲涧水、行文溪、越溪和罾罾水等，广州先民对甘溪的开发早至西汉时期，其后，三国东吴刺史陆胤在甘溪筑坝蓄水，将水导引入城供百姓饮用。唐宋以来，广州先民对甘溪的开发从未间断。综合考古资料和文献记载可知，甘溪源自广州城东北白云山的菖蒲涧，然后沿白云山山脉的走向向西南流经今淘金坑，至越秀山南麓后分两支从南越国都城东西两侧流入珠江。其中东支经今小北路、旧仓巷、大塘街和长塘街注入珠江；西支从今吉祥路、教育路流入珠江。甘溪水源清澈、甘甜，水量充沛，为南越国宫苑营造各种水体景观提供了有利条件和重要的水源保证。

图33　南越宫苑曲流石渠遗迹

三、建筑经营

中国古典园林是一个具有可行、可望、可游、可居的艺术空间。园内除了有供游人欣赏玩乐的山水、花木和鸟兽等自然景观外，还有步石、路径、桥梁、亭台、廊轩等人工建筑，供人游览、通行、遮阳避雨和停留休憩等。南越宫苑的园林建筑经营在满足实用需要的同时，还与园中的景观结合起来，融为一体。

发掘中见到石构水池的池壁散落有大量的石望柱、板瓦和筒瓦等建筑材料和构件，推测当日水池沿岸原是筑有廊、轩等临水建筑，供园主凭栏远眺池中的风景。

从曲流石渠东头的弯月形水池残存的石板和八棱石柱遗迹可知，其上部原筑有水榭一类的建筑。计成在《园冶》中说："榭者，藉也。藉景而成者也。"在中国古典园林里，榭总是与某一景观紧密联系在一起。而水榭是一种供人休息、观赏景观的临水园林建筑。一半架在岸边，伸入水中一半上架设平台，上立建筑，临水周围设栏杆，供游人凭栏眺望远处风景或俯瞰池中绿水和鱼儿游戏。炎夏之日，倚栏休憩，清风徐来，神志清爽，实为避暑纳凉的好去处。

置园必有水，有水多有桥，桥不但是园林中重要的景观，且起着交通引导、组织景观和点缀水面景色的作用，桥在中国园林中具有重要地位。曲流石渠西端有一座石板平桥横跨于渠水之上，桥的造型相对于曲折形平桥和拱桥以及廊桥等的造型要简单，但却显出质朴的山村野趣，过桥时有凌波信步的亲切之感。通过架设平桥可以增加景观的层次和景深，使本来一望而尽的渠水更显深远、无尽。

导引是观赏的组织，在既定物质基础的前提下，它是决定园林创作成败的关键。路径是导引的主导因素，它直接联系着各景象空间，组织景点的更替变化，导引游人的参观活动，其创作要求宜曲不宜直。曲流石渠石板平桥的北侧仍保存了一段步石，转弯曲折的园径延长了参观者的路线，延缓了观赏的进度，扩展了空间的深度。这段步石的间距约为 0.6 米，与现存下来明清园林的步石间距一致，是游人信步闲庭的理想步距。

廊是有顶的过道，是建筑与建筑、景点与景点之间的联系通道，起到组织景观、分隔空间、丰富景观层次的作用。廊在古典园林中的应用十分广泛，形式也丰富多样。在曲流石渠西面，考古发掘出一处建筑台基和散水，从其形制、走向判断，这是一条回廊。回廊掩映于花木丛中，与附近的曲溪流水、平桥步石构成一幅美丽的图画。它不但为游人提供遮阳避雨、赏景休憩的地方，还是宫殿区与宫苑区之间的联系纽带。

秦汉时期的园林，为了满足帝王的休息和生活居住的需要，逐渐在苑囿的基础之上融入宫殿等大型建筑而产生宫苑这种新的园林形式。在南越宫苑西侧，目前已发掘有一号宫殿和二号宫殿基址，这些建筑高大壮丽，可通过借景巧妙地纳入园内的景观，与周围的山水和植物景观相互呼应，融为一体，进一步丰富园林的景观和层次。

四、园林生态

动物和植物是构成中国古典园林景观的必不可少的景象要素，是体现自然生态环境的基本手段，也是园林观赏的基本对象。

园林中的植物，不仅起到美化周边环境的作用，还是园林的重要景观。植物种类的不同和季节的变化会产生不同的观赏效果。同时，植物还是园林分割不同景象的重要手段。中国早期的园林叫"园"或"囿"，是利用自然地理环境种植花草树木，养殖走兽的场所，到了秦汉之后才在苑内营造宫室，发展形成宫苑。从《上林赋》"庐桔夏熟，黄甘橙榛，枇杷橪柿，亭奈厚朴，樿枣杨梅，樱桃葡萄……杨翠叶，杌紫茎，发红华，垂朱荣，煌煌扈扈，照耀巨野"的描绘，可知汉代苑囿种植的花果漫山遍野，非常茂盛。此外，在汉代更有以观赏某一类植物为主的园囿，如以葡萄为主题的葡萄宫。自汉武帝破南越之后，出现以种植从岭南所得荔枝和其他奇花异木为主的扶荔宫等。

南越宫苑遗址出土的植物种实有40多个种类，包括荔枝、杨梅、橄榄、乌榄、桃、梅、南酸枣、罗浮柿、君迁子、构树、山鸡椒、杜英、商陆、楝、紫苏、冬瓜、甜瓜、假牵牛、李属、苹果属、葡萄属、女贞属、眼子菜属、榕属、杜英属、悬钩子属、省藤属、葫芦科、樟科、石竹科、蓼科等。此外，还有阔叶属树叶等。

南越宫苑的花木种类，按观赏植物学大概可分成以下几大类：

1. 观花类

因其花色艳丽而芬芳，是园中主要的观赏对象。有桃、梅、山鸡椒、假牵牛等。

桃为落叶小乔木，春天开花，花色粉红、艳丽。在古人看来，桃是仙果，人吃了可以长寿，是福寿吉祥的象征，因而被广泛种植于庭院之中。在中国园林的大型水体岸边常种植垂柳，夹植桃花，形成"桃红柳绿"的佳景。

梅也是落叶小乔木，在寒冬先叶而开花，有粉红和雪白等色。梅花以其冰清玉洁的品格和傲霜斗雪的精神而一直受到人们的喜爱，在中国园林中常与松、竹一起搭配种植，被誉为"岁寒三友"。

山鸡椒又名山苍子，为落叶灌木或小乔木，树高5~8米，是一种重要的香料植物。叶为椭圆形，有香气。冬春时节开花，花黄色，一串串、一簇簇的，芳香扑鼻，沁人心脾。

假牵牛，缠绕草本植物，多攀附于灌木丛中，花伞形，淡蓝色，较具观赏性。南越宫苑遗址出土假牵牛种子的数量多，可见是当时园内大量种植的植物。

2. 观果类

此类花木主要作为夏秋观赏之用，有些还可食用。如荔枝、杨梅、橄榄、乌榄、南酸枣、罗浮柿、苹果属等。

荔枝既是果树，又是岭南常见的造园植物。荔枝果实甘美，是一种名贵的水果品种，是历代朝廷贡品。葛洪在《西京杂志》里就记载南越王赵佗曾向汉高祖刘邦进贡荔枝，可见早在西汉时期岭南地区就以盛产荔枝而闻名。荔枝熟时缀满枝头，远看如片片红云，近看则鲜红欲滴。

橄榄和乌榄是我国南方特有果品，属橄榄属橄榄科，常绿乔木。橄榄果呈卵形，初时黄绿色，成熟时变黄白色（乌榄则呈紫黑色）。橄榄树冠高大，树姿优美，四季常青，是南方庭院和园林绿化较佳的树种。

罗浮柿，属灌木或小乔木，春天开淡紫色小花，一簇簇的点缀在绿荫丛中，空气弥漫着清幽淡雅的芳香。夏日时宽大浓密的树阴下，正是纳凉的好去处。到了秋天，金灿灿、亮晶晶的小柿子挂满枝头，着实惹人喜爱。

3. 林木类

如杜英、构树、榕属、樟科等。

杜英，常绿乔木，树冠紧凑，呈圆锥形，枝叶茂密。秋冬时节部分树叶转为绯红色，红绿相间，鲜艳悦目。

榕属的细叶榕是岭南园林普遍种植的树种。曾任东汉议郎的番禺人杨孚在《南裔异物志》介绍榕树时写道"榕树栖栖，长与少殊。高出林表，广荫原丘"。榕树的树冠高大，浓荫蔽日，甚为壮观。

4. 藤本类

有冬瓜、甜瓜、葡萄属、省藤属、葫芦科等。

冬瓜、甜瓜、葫芦科均属于蔬果类植物。我国早在新石器时代已经种植和栽培甜瓜，冬瓜最迟在汉代也已开始种植。中国园林是在种植瓜果蔬菜的"圃"、"园"的基础上发展形成的，秦汉时期的园林还具有明显的生产性质。南越宫苑遗址出土有冬瓜等蔬果类种子，不排除是从宫外带入食后弃置的，但也有可能是当时园内就种植有冬瓜和甜瓜等瓜果，以模拟田园景观，平添几分农田野趣。

葡萄的样类较多，据文献记载，一种果颗大、多汁液的食用葡萄原产于高加索地区，是汉武帝开通西域以后才传入我国的。南越宫苑遗址出土的葡萄应是本地原产的一种小果葡萄，虽然不堪食，但其攀缘的习性，却是庭院荫蔽的理想植物。

5. 草本类

有商陆、紫苏、眼子菜属、石竹科等。

商陆，叶宽大，呈椭圆形，初夏开花，果呈扁球形，串生，熟时紫黑色。可种植于路旁、疏林下，起掩映补景作用。

中国古典园林常在湖池等大型水体中布置莲花、蒲草等水生植物。南越宫苑虽未发现种植莲荷的迹象，但却出土有眼子菜属种子，这是一种水生草本植物。沉水者习性如水草、睡莲，沉浮于水面；出水者如蒲草。正是种植了眼子菜属之类的水生植物，加之池中蓄养的游鱼龟鳖，使原本平淡无奇的水池增添了几分田园陂池的野趣。

石竹科，为双子叶植物，种、属丰富。花呈辐射伞形，有红、黄、白、紫等多种颜色，是很好的庭园观赏植物。

除种植大量的植物外，秦汉时期的苑囿还圈养有动物，如汉上林苑中就设有"虎圈馆"、"射熊馆"、"鹿馆"、"走狗馆"等，供帝王娱游校猎。

南越宫苑曲流石渠内出土大量龟、鳖、鱼和河蚌残骸，其中不少还是完整的个体。水池和曲渠放养了龟鳖游鱼，使得原本平静的水体增添了几分灵动和生机。曲流石渠内放养大量的龟鳖，可能有多重用意。一是为满足帝王观赏娱乐的需要。据文献记载，战国时燕太子丹为讨荆轲欢心以让其去刺杀秦始皇，就曾在苑内养龟以金珠投龟取乐。倚靠弯月池上的水榭栏杆，可见渠中的龟鳖"闻人声皆集，骈首仰视，儿曹惊之不去"，令人着迷。龟耐饥渴，寿命长，古人把它列为四灵之一，园中养龟，还可取其吉祥、长寿和永固的象征意义。古人尚巫鬼，好占卜，常用火灼龟甲，根据其裂纹来预测吉凶，南越宫苑放养大量的龟鳖也可能是为了占卜的需要。

从遗址出土有梅花鹿角以及木简有"守苑行之不谨，鹿死腐"的记载来看，当日苑内还圈养有梅花鹿。鹿是古代的瑞兽之一，可供统治者观赏、校猎和食用。

五、园林意境

园林意境是比直观的园林景象更为深刻、更为高层的审美范畴，是园林艺术的最高境界。它融汇了园林景象，融汇了诗情画意与理想，给人以更为深广的美感享受。南越宫苑园景丰富，蕴涵无限的意境。

在石池东北部，发掘有向西南倾倒的叠石柱和散落池底的建筑材料和构件，推测水池当中有建筑组群，这种造园手法源自战国时期燕齐地区的蓬莱神话。传说东海有蓬莱、方丈、瀛洲三座神山，上有神仙和长生不老之药，自战国以来一直是帝王向往的地方。为了长生不死，秦始皇曾多次东临大海和派人出海求仙未果，于是在苑内凿大池、立三山以模仿海上仙山神岛，祈求仙人降临赐予长生不老药。由此开启了我国古典园林"一池三山"的造园模式，影响深远。南越王赵佗本河北人，蓬莱神话在他心中印象深刻，当他在岭南称王后，也想长生不老，于是效仿秦始皇在苑内凿池筑岛。当烟霭茫茫，细雨霏霏，池中岛屿或建筑若隐若现时，真有蓬莱仙境的感觉。

水不在深，妙于曲折，以有限的空间环境造就无限空间意境，这是中国古典造园艺术理水的精髓。曲流石渠遗迹呈"之"字形走向，在迂回映带之间，不使人一望而尽，形成一种清旷深远的意境。漫步园中，一边欣赏绿意盎然的花草树木，一边聆听潺潺的水流声和园中鸟儿的欢叫声，仿若置身于山林溪涧之中，野趣盎然。

第三章
南越宫苑体现的园林艺术风格

一、宫与苑紧密结合的整体布局

南越国宫城由宫殿区和宫苑区两大部分组成，宫殿建筑与自然园林景观紧密结合，融为一体，增强了园林的空间艺术变化，丰富了园林景观。

宫苑区位处宫城东部，由池苑景区和曲渠景区组成。北面池苑景区以石构水池为中心，水面宽阔，池中筑有大型建筑以象征蓬莱、瀛洲、方丈海山仙景。南面曲渠景区以迂回曲折、水体形态变幻多姿的曲流石渠为纽带，将园区内的亭台水榭、平桥步石和回廊等景观组织成大景区。池苑景区与曲渠景区位置一北一南，景观不同，对比强烈，是相互呼应的两个独立景区。但水池与曲渠因有地下导水木暗槽连接而又是一个整体，是相对独立但又紧密联系的园林景观。南越宫苑以水体为核心和纽带的园林整体布局，突破了商周时期单纯以山或高台建筑为核心，以道路和建筑为纽带的园林布局形式。

宫殿区位于宫城的中西部，已发掘的遗迹显示，这里的宫殿建筑较为密集，宫殿之间有道路和廊阁等连成一片，是一个相对独立的区域。但宫殿区与宫苑区之间有多处通道紧密连接，使两者之间组成一个有机的整体。如从一号宫殿东通道可进入宫苑北部的池苑景区，另外，从连接一号宫殿和二号宫殿之间的廊道也可进入宫苑曲流石渠景区。

二、以水为主导的园林景观体系

秦汉时期中原皇家园林是以蓬莱仙岛和大规模的宫殿、廊阁等建筑以及动植物为主导而构建的园林景观体系。这种模仿天地宇宙的造园手法是秦汉大一统帝国的直接体现。南越宫苑受地理条件限制，并没有采取中原皇家园林那种大规模堆土筑山造台的造园手法，而是利用岭南水网发达、河流众多的特点，以水景为主导，通过对自然山水某一片段的模仿而将自己融入天地自然当中来感受其中的乐趣。与秦汉中原皇家园林相比，南越宫苑的水景更为丰富，成功营造出池沼、渊潭、溪涧、涌泉等多种水体形态，显示当时南越先民已懂得通过多种不同水体的映衬、变幻和组合来营造不同的艺术效果。

三、以石材为主的建筑特色

我国古代建筑以木构梁架形式为主，在汉代以前，我国还很少使用石头作为建筑材料，到东汉时石构建筑才出现较多，但主要表现在丧葬建筑如室墓、门阙、祠堂、碑、人兽雕像等方面。目前我国已发掘的秦汉大型建筑遗址使用石材多局限于柱础和沟渠用料等方面。而南越宫苑却广泛利用石头来制作八棱石柱、叠石柱、石望柱、石门楣、石箅等建筑构件，这在我国古代建筑史上尚属首次。

此外，在已经考古勘探的汉唐时期的园林遗址，如秦兰池宫的兰池、汉长安城未央宫的沧池，还有唐长安城大明宫太液池等大型园林水体，其水池坡岸和池底均是凿地后形成的自然形态，没有发现筑石的痕迹。而南越宫苑的园林水景却全是石头构筑，特色明显。

南越宫苑曲流石渠的渠壁用石块叠砌，形状、大小不同的石块相互间隔，砌法似在有意与无意之间，以追求自然形态之美。石水池的池壁和曲流石渠的渠底均用大小、形状不一的石板随形就势铺就，乍看如乱石，细看如瓷器表面的冰裂纹理，巧夺天工。石板为砂岩石质，质地较粗松，雕琢粗犷、拙朴。

渠底石板之上用灰黑色河卵石密密铺砌，其中还用黄白色大卵石错落点布，打破了渠底单一呆板的视觉效果，形成疏密有致、大小有别、黑白相间、相互呼应的自然形态。河卵石为石英砂岩石质，是火山喷发后的熔岩经水流的长年冲刷和搬运形成的，溪水映衬灰黑色的河卵石，水尤清冽。渠底置大砾石，溪水激石，分流脉散，更添几分灵动。但见清流石上轻轻流淌，水声潺潺，两岸青树翠蔓环绕，宛如山涧小景，清悄幽邃，徘徊其中，令人流连忘返。

四、以小见大的城市山水园

从文献记载可知，秦汉时期中原皇家园林的规模之大令人惊叹。如秦始皇所筑的咸阳宫，"东西八百里，南北四百里，离宫别馆，相望连属，木衣绨绣，土被朱紫。"又如汉武帝时在秦旧苑的基础上扩建上林苑，"南至宜春、鼎湖、御宿、昆吾，旁南山而西，

至长杨、五柞，北绕黄山，濒渭而东，周袤数百里。"规模甚为壮观。

汉代的王侯显贵，也竞相效仿帝王，好营宫室苑囿，也务广大。如梁孝王筑的兔园，园中有百灵山、肤寸石、落猿岩、栖龙岫；又有雁池，池间有鹤洲、凫渚。其诸宫观相连，延亘数十里。茂陵富人袁广汉于北邙山下筑园，东西四里，南北五里，其规模也不小。

与秦汉中原皇家园林和贵族私家园林相比，南越宫苑的规模要小得多，面积只有一两万平方米。"以有限的空间环境造就无限空间的意境，这是中国古典造园艺术的精髓"。要在有限空间做出无限之感，关键是让人的视界无限或意境无穷。

南越宫苑位处宫殿区东侧，基地狭小，为了突破空间限制，造园者将园区分成两部分，北部的池苑区呈南北长方形，南部曲渠景区则呈东西长方形，南北连接成曲尺形。曲折的空间形态，可获取空间上和时间上的延伸，使有限的空间给人以无尽之感。园内布局，北部以石水池为中心，水池的面积也只有4000平方米大小。为了营造无尽的空间意境，造园者除了环池布置一些建筑外，还根据蓬莱神话传说，在池中筑岛模仿海上仙山，使本来一望而尽的水池，通过"隔"而增加了景深和空间层次。南部景区的石渠走向曲折迂绕，若隐若现，营造出一种溪水无尽的景象。石渠地形高低起伏，当中还筑有急弯处、弯月形水池、渠陂等特殊结构的景观，营造出溪、涧、潭、泉等不同水体效果，既丰富了园林景观，又延长了游人参观的时间，与增加建筑空间有着殊途同归的作用。曲流石渠西端尽头处架设一石板平桥，通过平桥隔断水面，使本来一望而尽的溪涧端头，隔出了无尽的空间意境。

南越宫苑的空间面积虽然狭小，但在创作上，却能突破空间的限制，利用有限的隙地营造出宽广无穷的自然风光，达到以小见大、以短见长、意境无穷的艺术效果。南越宫苑的发现，表明我国秦汉时期，不仅有那种面积广大、造型粗犷的帝王苑囿，还有一种小型、精致、纯观赏的城市山水园林。

第四章
岭南园林之祖

一、南越宫苑遗址是秦汉宫苑的唯一实例

我国造园历史悠久，据文献史料记载，商周时期的帝王已开始大举营造宫室池苑，近年来在河南偃师商城就考古发现了商代的帝王池苑遗址，显示当时的池苑已具有一定的观赏性。《诗经》曰："王在灵囿，麀鹿攸伏；麀鹿濯濯，白鸟翯翯。王在灵沼，于牣鱼跃。"所说的灵囿和灵沼到底是怎样的？由于缺乏考古发掘的实例而无法详知。春秋战国时期，随着各诸侯国势力的日渐强大，各国竞修宫室，广筑台榭和池苑，以满足各国君主逸乐游宴之欲。如秦穆公之灵台、魏国的梁囿、吴王夫差修筑的"台榭陂池"，楚国的章华宫内有引汉水开凿而成的大型园林水面等。从文献资料可知，春秋战国时期的园林仍以商周以来最为常见的高台建筑为主，但已开始注意对自然山水地貌的利用、山水景观与建筑景观的组合配置等，但真正具有观赏意义的园林尚未发展成熟。

秦始皇灭六国后，建立了统一的中央政权，随即汉代秦而兴，这对中国古代文化的发展产生了深远的影响。

秦每破诸侯，将其宫室"写放"于咸阳，以象征秦始皇囊括四海的气度。后又作朝宫于渭南上林苑中，将南山、渭水等空间尺度极大的自然山水体系纳入宫苑的范围。秦汉之际，秦故苑囿园池因战乱而毁弃，汉承秦制，汉高祖刘邦在秦兴乐宫的基础上修长乐宫，汉武帝时又在秦旧苑的基础上扩建上林苑。

秦汉时期的帝王园林，除了以上那种利用广袤山野来模仿天地宇宙，体现天子威仪的大型郊野园林外，还有一种在大型的宫殿旁适当配置人工池渠台榭等自然景观发展形成的内苑园林，由此开启了中国宫苑的先河。

据《汉书》记载，秦始皇在咸阳城东修建了兰池宫，宫内有兰池，东西二百里，南北三十里，池中筑有蓬莱、瀛洲仙山，又雕有二百丈长的巨型石鲸置于池中。

据《三辅黄图》等记载，汉朝的皇宫——未央宫前殿西南有沧池，中有渐台。沧池水面宽阔浩淼，池水苍凶，是未央宫内的重要园林水体景观。

汉武帝时营造的皇宫——建章宫，"其北治大池，渐台高二十余丈，命曰（泰）液池，中有蓬莱、方丈、瀛洲、壶梁，像海中神山龟鱼之属。"池的北岸还刻石为鱼，西岸则刻有石龟二枚，以象征海中的游鱼、龟鳖。汉武帝在模拟自然山水的基础上又注入了象征和想象的因素。

随着时间的推移，无论是秦始皇的兰池，汉高祖的未央宫沧池，抑或是汉武帝的建章宫与太液池等秦汉宫苑，经历两千多年的历史沧桑到了今天，有的早已湮没，有的只能从诗文中去领会想象，或有遗址幸存的，也不过只见到一片洼地或几处夯土高台而已。虽然这也能激发人们的思古幽情，但总是感到缺憾，因为从这些历史现场中得不到形象而具体的、真实而全面的理解和认识。南越宫苑遗址的发现，首次在考古学上为人们提供了一个保存得较为完好的秦汉宫苑实例，弥足珍贵。

二、南越宫苑是岭南园林的源头

岭南园林以其融汇中西文化，表现更多兼容性的特色而与中国北方皇家园林、江南私家园林并列为中国三大园林体系。

岭南造园历史悠久。公元前221年，秦始皇兼并六国后，遣五十万大军进军岭南，于公元前214年统一岭南，设桂林、南海、象三郡，将岭南纳入秦帝国的版图。秦末，中原大乱，原秦将赵佗发兵绝秦新道，击并桂林、象郡，于公元前203年建立南越国，自称南越武王，以番禺（今广州）为都城。岭南地区在赵氏南越国近一个世纪的开发经营，汉越人民和睦相处，中原地区先进的文化和生产技术不继传入岭南，使得岭南社会、经济、文化得到前所未有的发展。正是在秦汉时期，中原地区先进的建筑和造园技术也随之传入岭南，由此开启岭南造园的历史。

据文献资料记载，南越国统治期间，为了满足帝王外出巡游、狩猎等活动的需要，赵佗曾在南越国境内建有越王台、长乐台、朝汉台和白鹿台。这些台是沿袭春秋战国中原地区灵台旧制而建立的高台建筑，因这些台大都位于都城的近郊或远离都城的大山名川之中，与周围的自然景观融为一体，环境优美，具有离宫别馆的性质。南越国的这些郊野园林目前大多已无存，有遗迹保存下来的也不过是几处夯土台基而已。

在南越国都城王宫内发现的石构水池和曲流石渠遗迹，是南越国宫苑重要的园林水体景观。其中石构水池位于宫苑北部，水面宽阔，烟波浩渺，池中还筑有大型建筑，模拟太液蓬莱仙岛景观。宫苑南部的石渠曲折幽深、流水潺潺，当中还筑有不同的建筑以营造不同的水体景观。园内种植有大量的花草树木，水中也养殖有龟鳖游鱼，当中还配亭台水榭、回廊、石板平桥和步石路径等建筑小品。南越宫苑的园林景象要素完备，景观丰富多样，是一个十分成熟的人工园林，是目前岭南考古发现年代最早的园林实例。

南越宫苑与我国中原地区皇家园林相比，既有其一致性，也有其鲜明的地域特色，是在继承和延续中原汉文化的基础上，融汇海外文化而形成的园林艺术文化。

南越宫苑在布局、形制与结构等方面与我国早期园林发展是一脉相承的，是中原园林文化向岭南传播的具体表现。从文献资料记载和考古发掘资料来看，南越宫苑与中原地区的秦汉宫苑一样，在选址布局上均位于宫城内，是宫城的重要组成部分。在园林景观上都以大型水体和千姿百态的曲折水体为中心，组合山体、建筑、植物等景观。南越宫苑的宫殿和廊道等建筑形制，均采用中原地区的高台建筑形式，建筑用材上也广泛使用砖、瓦和瓦当等。结合已发掘出土戳印有"长乐宫器"、"长秋居室"和"未央"等宫殿名的南越国陶器来看，南越国的宫殿建筑不但在形制上与汉廷中央的宫殿建筑大体一致，且宫室的名称也多是效仿汉廷。

南越宫苑的石构水池和曲流石渠遗迹均用石料砌筑，还有石八棱柱、石望柱、石门楣等石建筑构件的大量应用，以及遗址出土的部分砖、瓦和瓦当等建筑材料上施有钠钾玻璃青釉等，表现出无论是在建筑材料，还是建筑手法等都与同时期我国其他地区的建筑有所不同，特点鲜明。相反，以砖石为主的建筑体系，在古代的地中海沿岸地区和两河流域以及印度河流域十分普遍，且年代久远。

南越宫苑石构水池池壁和曲流石渠渠底的铺石及砌法，都是用不规则形的砂岩石板拼砌而成的，其效果如同瓷器的"开片"一样，这种砌法在我国称之为"冰裂地"，在西方则称之为"乱石砌体"。这种砌法在古代希腊和小亚细亚沿岸地区的建筑上应用广泛，如公元前16到公元前12世纪希腊克里特岛上的克诺索斯宫殿地面，以及公元前7世纪小亚细亚沿岸士麦那的雅典娜神庙的墙壁和通道等就是用石块拼砌而成的。遗址曲流石渠渠壁用砂岩石块叠砌，这种砌法早在公元前1250年希腊迈锡尼宫殿石墙已见应用。遗址蕃池东北部还发现有倒塌的叠石柱，在古埃及、古希腊等地，圆形或方形的叠石柱广泛使用。此外，遗址还出土数量较多的八棱石柱、八棱石望柱等建筑构件，这种八棱形柱体，在印度早期佛教建筑桑奇（Sanch）大塔外围栏上也大量出现。

其次，遗址出土的部分砖、瓦和瓦当等建筑材料上还施有青釉，经检测，是以钠钾等碱金属为主要助熔剂的碱釉，这在国内更是首见，这种釉与普遍认为受西方技术影响的钠钙玻璃较为接近，不排除当时南越国已通过某种途径从西方获得这种釉的配方或原料的可能性，并将之成功应用到砖瓦之上。

据《史记·货殖列传》记载，秦汉时期的番禺（今广州）已是珠玑、犀角、象齿、玳瑁等海外珍宝的重要集散地。考古发掘资料也显示，广州出土的汉代文物中有不少是来自海外的，如南越王墓出土的原支非洲象牙、红海的乳香、两河流域的银盒和金花泡饰；广州汉墓出土来自西亚和地中海沿岸的玻璃，来自黄支国的琥珀串饰等。由此看来，南越宫苑出现与西方相似的石构建筑和带釉砖瓦也不足为奇。

南越宫苑是受到中原汉文化和海外文化双重影响形成的文化遗存，是岭南文化多元性和兼容性的体现。所以说，南越宫苑是岭南园林的真正源头。

第五章
图 版

南越国宫署遗址位于广州市老城区中心北京路北段，自 1995 年以来，先后发现了西汉南越国王宫遗址。南越国宫苑的石构水池和曲流石渠遗迹，是目前中国发现年代最早的宫苑实例，显示出两千多年前岭南先进的建筑技术和造园理念，对研究中国古代城市（特别是古代广州城）、古代建筑史、古代园林史和古代工艺史有极其重要的价值，是广州历史文化名城的精华所在。

图 34　南越国宫署遗址核心保护区（航拍照）

图 35　南越国一号宫殿基址东北角

位于南越宫苑石构水池西侧，坐北朝南，平面呈长方形，面积约 435 平方米。台基四周用砖侧立包边，散水用印花砖和碎石铺砌。东西两侧为入殿通道。

图36　南越国二号宫殿基址局部

图37　二号宫殿散水局部

图 38　南越国一号廊道西侧散水及地漏

一号廊道位于一号、二号宫殿之间,是连接两者之间的通道。台基东西两侧用砖侧立包边,散水用印花砖铺砌,散水南端置有渗水地漏,下接排水木暗槽。

图 39　南越国一号廊道东侧散水、排水明渠及地漏

图 40　一号廊道地面及柱础石局部

南越国一号廊道内地面夯打平整后还用火烤硬,起防潮的作用。廊内局部还保存有柱础石,系自然砾石,较平整一面向上,础面上木柱烧毁后的印痕清晰可见。

图 41　一号廊道东侧散水的排水明渠

一号廊道东侧南段散水两边用印花长方砖铺砌，中间设排水明渠，是用弧形凹槽砖拼接而成，每节残长11.38米，宽0.58米，北高南低，高差0.31米。

走道宽3.6米，北与一号廊道连接，南端转折向东，中间以砂岩石板铺砌，两边铺印花方砖，十分讲究。

图42　南越国砖石走道

2004年，在南越宫苑遗址一口渗井（编号J264）内清理出100余枚木简，内容涉及纪年、地名、职官、宫室管理等，是研究南越国历史的第一手珍贵文字资料。此外，井内还出土大量动物残骸和植物种实，对了解宫苑当时的园林生态和王宫的日常饮食具有重要意义。

图 43　出土南越木简的渗井

116　091　067　084　105　068

木简（116）	受不能□痛迺往二日中陛下
木简（091）	张成故公主诞舍人廿六年七月属 将常使□□□番禺人
木简（067）	□还我等击盈已击及归南海□
木简（084）	诘斥广地唐=守苑行之不谨鹿死腐
木简（105）	大奴㢑　不得鼠　当笞五十
木简（068）	壶枣一木第九十四　实九百八十六枚

图 44　南越木简

位于南越国一号宫殿东侧。井圈用弧扇形砖叠砌，井坑直径约3.3米，井口内径0.85米，深9.0米。井圈与井坑壁之间的空隙用纯净的山冈土夯实，以阻隔地表污水渗入井内，确保井水清洁。

图45　南越王宫食水砖井

井底铺五块砂岩石板，当中一块呈方形，其余四块呈半弧形。石板中心和四周各凿一个圆孔，地下泉水就是从这五个小孔渗涌上来。石板底下还铺垫一层细砂，以过滤井水。来自地下岩层的泉水，经过细密的过滤，水质纯净、清爽甘甜，可与现代矿泉水相媲美，被誉为岭南第一井。

图46　砖井底部

图 47 印花大方砖（边长 70 厘米，厚 12 厘米）

图 48 印花长方砖（长 70.5 厘米，宽 45 厘米，厚 9 厘米）

图 49　印花小方砖（边长 36.5 厘米，厚 4.5 厘米）

图 50　青釉印花小方砖（边长 34.5 厘米，厚 4.0 厘米）

图 51　印花三角砖（残长 45 厘米，厚 10.5 厘米）

图 52　熊饰空心砖（残长 30 厘米，高 26.5 厘米）

图 53 绳纹板瓦（长 51.5 厘米，宽 35~40 厘米）

图 54 绳纹筒瓦（长 38.5 厘米，径 15 厘米）

图 55 带钉筒瓦（长 47 厘米，径 16.5 厘米）

图 56 云箭纹瓦当

图 57 "万岁"文字瓦当

图 58　石构水池西南角（被建筑桩孔打破）

　　1995 年，在中山四路忠佑大街城隍庙西侧一建筑工地发现南越国宫苑的一座大型石构水池。水池呈斗状，池壁呈斜坡状，用砂岩石板铺砌，池底用碎石平铺。目前水池仅发掘西南一角约 400 平方米，后经钻探得知，水池面积约 4000 平方米，深约 2.5 米。南越宫苑石构水池是对池沼湖泊等自然水体的模仿。

图 59　华南植物园中的湖泊水面

自商周以来，园池已成为我国古典园林中必不可少的要素之一，历久不衰。

图 60　石构水池南壁

水池的池壁呈斜坡状，用砂岩石板呈密缝冰裂纹铺砌，其效果如同瓷器的"开片"一样天趣自然。

图 61　石构水池西壁

图 62　石构水池的西壁和南壁交接处呈一直线

图 63　石构水池南壁石板上的"蕃"字

在南越宫苑遗址内出土的 100 多枚南越木简中,其中一枚墨书有"蕃池"字样,正可与石构水池上的"蕃"字相对应,可知该水池名叫"蕃池","蕃"是其省称。

图 64　墨书有"蕃池"字样的木简

图 65　用碎石铺砌的水池池底

在石构水池的底部，散落有不少石质建筑构件，其中有这件直径23厘米的八棱石柱。猜想当日池中应该有规模不小的石构建筑。

图66　散落池底的八棱石柱

在石构水池内散落的石质建筑构件中，发现有这件石门楣，同时还出土有一件铸铁门枢轴，应是池中建筑的部件。

图67　散落池底的石门楣

在石构水池中出土有不少石栏杆。这件石栏杆的柱身和底座都保留较完好，柱身呈八棱形，底座呈方形，底座底面有凸榫，用以插入座石。

图 68　八棱石栏杆

　　座石是用以固定石栏杆的基座，一般上部比下部窄，顶部中间有凹槽，和栏杆底部的凸榫相匹配。

图 69　石栏杆与座石

在南越宫苑的石构水池中部，发现有一向西南倾倒的叠石柱，还有散落池底的八棱石柱、石门楣等建筑构件，可知水池当中原是有大型构筑物的。该水池应是模拟神话传说中的东海有蓬莱、瀛洲、方丈三神岛。

图70　向西南倾倒的叠石柱

一池三山或蓬莱仙岛是我国古典园林最为常见的造园模式，从考古发掘和文献记载证实，其起源可追溯至秦汉时期。

图71　圆明园中的蓬莱仙岛

在石构水池南壁石板下埋有一条木暗槽，向南正对曲流石渠东北部，是为导引水池之水入水渠而专设的。

图72 石构水池南壁下的木暗槽

图 73 南越宫苑遗址想象复原图

南越宫苑

第五章 图版

位于石构水池的南面，渠体自东北而南，再曲折向西，在西边尽头连接一出水木暗槽，已发掘一段残长约160米。

图74　曲流石渠遗迹全景

南越宮苑

第五章 图版

渠体由渠底、渠壁和挡土墙三部分组成。渠底平整，用砂岩石板作密缝冰裂纹铺砌，渠壁陡直，用砂岩石块叠砌，渠内宽约 1.4 米，深约 0.6 米。渠体上部向外扩展后砌一道挡土墙，挡土墙呈内高外低，以防止雨水将泥沙带入渠内，保证渠水清澈。

图 75　曲流石渠渠体结构

渠底石板之上铺有一层密密的灰黑色河卵石，当中还用黄白色大砾石呈"之"字形疏落点布，当水流冲刷卵石，会泛起粼粼碧波，水声潺潺，仿若置身于山谷溪涧之中。

图76　蜿蜒曲折的曲流石渠

图 77 自然界的山谷溪涧

图 78 曲流石渠渠底局部

曲流石渠渠底所铺砌的卵石，大小均匀，色泽浑厚，大部分呈灰黑色，部分还带着青灰色泽。卵石之上还点缀有黄白色的大型的砾石，布置讲究。

图 79　渠底铺石

渠水自东北至此随势奔腾而下，急转回旋，造就漩涡，天趣自然。

图 80　急弯处

在曲流石渠东端有一座弯月形水池,池中竖起两列大石板,将水池分隔成三间,南北两次间各立一根八棱石柱,柱顶上出一凸榫,可知其上原来还有亭台水榭类建筑。

图 81　弯月形水池

图 82　拙政园小沧浪水院中的松风亭（选自张家骥《中国造园史》）

水池比石渠低约1.5米，水流在此汇聚成渊潭，可以想象水潭石壁峭立，潭水幽深清冽。

图83 弯月形水池

图85 弯月形水池西北进水口（西—东）

图84 自然界中的渊潭

流水经过急弯处转向东南，在此进水口快速往下聚入弯月形水池。

图86　弯月形水池西北进水口（东—西）

在弯月形水池西壁地面上残存有3根石地梁，呈放射状向石池张开，朝向石池一端嵌入池壁石块中，与池壁面齐平，并凿有方孔，似作系绳之用。

图87　弯月形水池西壁上的石地梁

南越宫苑

图88 南越宫苑弯月形水池想象复原图一

图89 南越宫苑弯月形水池想象复原图二

二号渠陂位于曲流石渠中部，是由两块弧扇形石块拼合而成，呈圆拱状横卧于渠底，起着阻水和蓄水的作用。

图90　二号渠陂

二号斜口位于曲流石渠中西部，在渠壁中斜置一块灰白色的长方形大石板，由渠外伸入渠内。由渠内出土的龟鳖残骸推测，斜口也许是为方便龟鳖爬上地面而特设的。

图91　二号斜口

在曲流石渠西端尽头处有一座石板平桥横跨于渠面,这是目前考古发现年代最早的石板桥。桥是江南和华南水乡风景最具特色的组成部分,是园林水景创作中不可缺少的元素。

图 92 石板平桥

图 93 扬州个园中的石板平桥

在石板平桥北侧还保存有一段步石，步石间距约为0.6米，与现存下来明清园林的步石间距一致。

图94　步石和修复后的石板平桥

出水闸口位于曲流石渠西端尽头处，分内外两层，其中内层方框打凿有凹槽，以插入闸板控制排水量。外层为石箅，既可阻挡树叶堵塞暗渠，也可防止龟鳖游鱼外溜。

图95　出水闸口

曲流石渠的来水和出水都用木暗槽，使得游人不知水之来去，真有"曲渠之水天上来，流出园外不复回"的奇妙感觉。

图 96　出水木暗槽

廊在古典园林中应用十分广泛，形式也丰富多样。在曲流石渠西端有一条曲廊，自南部由西向东再曲折向北。该廊位于宫殿区与宫苑区之间，既是两者之间的联系通道，也是园主赏景休憩的地方。

图 97 曲廊散水局部

图 98　苏州留园木樨香轩墙角之曲廊（张家骥《中国造园史》）

南越宫苑石构水池南壁下有一条木暗槽向南正对曲流石渠的北端，两者之间现被一幢九层楼房所隔断未能全面揭露，但遗迹表明这条木暗槽是为导流蓄池之水入曲流石渠而专设的，两者通过木暗槽联结成一个整体，是南越宫苑的重要园林水景遗迹。

图99　南越宫苑石构园林水景遗迹

石构水池(蕃池)

在南越宫苑遗址出土了多种动物残骸,如鱼、龟、鳖、马、狗、牛、熊、豪猪、梅花鹿等。

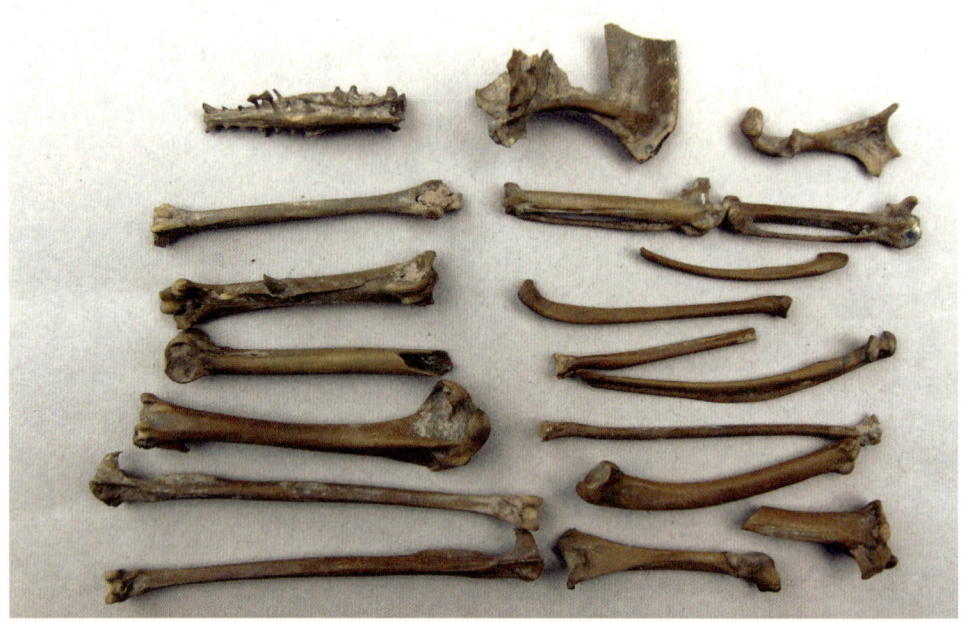

(1)

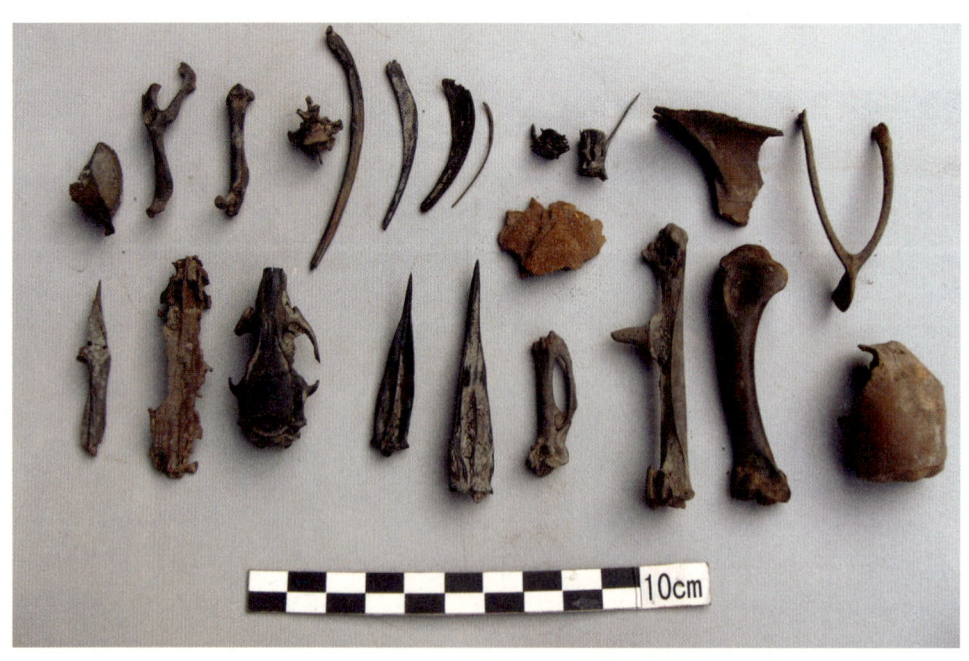

(2)

图100 南越宫苑出土的动物残骸

南越王宫遗址出土了大量动物残骸和植物种实。其中动物遗存的种类有龟、鳖、鱼、河蚌、梅花鹿和鸟等20种；植物遗存有冬瓜、甜瓜、荔枝、桃、杨梅、橄榄、乌榄等，反映出宫苑当时的生态环境和日常饮食内容。

图101　弯月形水池内叠压成层的龟鳖残骸

图102　弯月形水池内出土的大鳖残骸

(1) 杜英核

(2) 楝属种子

(3) 省藤属种子

(4) 甜瓜籽

(5) 葡萄属种子

(6) 石竹科种子

图 103 渗水井内出土的植物种实

桃为落叶小乔木，春天开花，花色粉红、艳丽。桃被古人喻为仙果，是福寿吉祥的象征。桃树是园林常用树种。

图 104　南越宫苑遗址出土的桃核

图 105　桃花

梅，落叶小乔木，既是果树也是园林观赏树种。寒冬开花，有粉红和雪白等色。梅花以其冰清玉洁的品格和傲霜斗雪的精神一直受到人们的喜爱，在中国园林中常与松、竹一起搭配种植，被誉为"岁寒三友"。

图 106　南越宫苑遗址出土的梅核

图 107　梅子　　　　　　　　　　　　图 108　梅花

荔枝，常绿乔木，高可达10米，果实卵形，熟时外皮呈赤红色，压满枝头，远看如片片红云，近看鲜红欲滴，十分惹人喜爱。其果实既可食用，也可观赏，是岭南园林的常用树种。

图109　南越宫苑遗址出土的荔枝核

图110　荔枝

杨梅，灌木，核果球形，外果皮紫红色，味甘而带酸。杨梅果不但可食用，也可观赏。

图111　南越宫苑遗址出土的杨梅核

图112　杨梅